# LA VIE PRIVÉE

## D'AUTREFOIS

# PREMIÈRE SÉRIE

PARIS. TYP. E. PLON, NOURRIT ET Cⁱᵉ, 8, RUE GARANCIÈRE. — 2034.

# LA VIE PRIVÉE

## D'AUTREFOIS

ARTS ET MÉTIERS

## MODES, MŒURS, USAGES DES PARISIENS

DU XII° AU XVIII° SIÈCLE

D'APRÈS DES DOCUMENTS ORIGINAUX OU INÉDITS

PAR

## ALFRED FRANKLIN

LES MAGASINS DE NOUVEAUTÉS

❊❊❊❊

PARIS

LIBRAIRIE PLON

E. PLON, NOURRIT ET Cⁱᵉ, IMPRIMEURS-ÉDITEURS

RUE GARANCIÈRE, 10

—

1898

# TABLE DES SOMMAIRES

## LA LINGERIE

### CHAPITRE PREMIER

#### LES TREIZIÈME ET QUATORZIÈME SIÈCLES

### I

#### LE LINGE ET LES LINGÈRES

## II

### LA FABRICATION ET LE COMMERCE DES TOILES

## CHAPITRE II

### LES QUINZIÈME ET SEIZIÈME SIÈCLES

## CHAPITRE III

### LES DIX-SEPTIÈME ET DIX-HUITIÈME SIÈCLES

### I

#### LA LINGERIE

## II

### LES LINGÈRES

Les lingères font reviser leurs statuts : Conditions exigées
pour s'établir. Apprenties. Observation du dimanche.
Colportage. Les auneurs de toiles. Les marchands forains
— La halle aux toiles. — En quoi consistait le com-

# CHAPITRE IV

## LE BLANCHISSAGE

# LA CORDONNERIE

## CHAPITRE PREMIER

### DU NEUVIÈME AU TREIZIÈME SIÈCLE

## CHAPITRE II

### DU TREIZIÈME AU SEIZIÈME SIÈCLE

### I

#### LES CHAUSSURES

## II

### L'INDUSTRIE DES CHAUSSURES

## CHAPITRE III

### LE SEIZIÈME SIÈCLE

# CHAPITRE IV

## LE DIX-SEPTIÈME SIÈCLE

### I

#### LES CHAUSSURES

### II

#### L'INDUSTRIE DES CHAUSSURES

# CHAPITRE V

## LE DIX-HUITIÈME SIÈCLE

# LES FOURRURES

## I

## II

# CANNES ET PARAPLUIES.

## I

## II

## III

# ÉCLAIRCISSEMENTS

# LA
# VIE PRIVÉE D'AUTREFOIS

## LES MAGASINS DE NOUVEAUTÉS

### LA LINGERIE. — LES CHAUSSURES. — LES FOURRURES.
### CANNES ET PARAPLUIES.

## LA LINGERIE

### CHAPITRE PREMIER

#### LES TREIZIÈME ET QUATORZIÈME SIÈCLES

### I

#### LE LINGE ET LES LINGÈRES

Origine de la corporation des lingères. — La rue de la Lingerie. — Lingers et lingères. — Commerce des lingères. — Les caleçons de femme, la théristre, le roque, l'étamine, la guimpe. — Passion des femmes pour la couleur crème.

Les origines de la chemise. — Antiquité de la camisia. — Formalité de l'adoption au douzième siècle. — Mauvaise récolte du lin en 1178. — Saint Louis et la chemise du

Je ne puis faire remonter l'histoire des lingères plus haut que le treizième siècle. Saint Louis autorisa les plus pauvres d'entre elles à étaler leurs marchandises près du cimetière des Innocents, le long du mur placé en face des Halles[1]. C'est là l'origine de la

---

[1] G. Corrozet, *Antiquitez de Paris*, p. 90, et voy. cidessous les statuts de 1485.

D'après le plan de Deharme.

rue de la Lingerie [1], qui porte déjà ce nom
dans le poème de Guillot [2], et qui a subsisté
jusqu'au second Empire [3]. Une charte de 1316
mentionne un revenu établi « super halis,
Parisius, secus murum cymiterii Sanctorum
Innocentium, supra lingerias [4]. » S'il faut en
croire Savary, ces pauvres lingères étaient
« des filles d'une conduite suspecte, à qui on
accorda des lettres de maîtrise pour les tirer
d'un commerce moins honorable que celui de
la lingerie [5]. » Ceci prouverait, à la gloire du
treizième siècle, qu'en ce temps le vice n'en-
richissait guère. Au reste, comme nous le
verrons, le saint roi perdit sa peine, et les
lingères traversèrent les siècles sans s'a-
mender.

La corporation comptait alors autant de
*lingiers* que de *lingières*, et Jean de Garlande
se plaint déjà amèrement que les hommes
aient usurpé des fonctions qui devraient être

[1] Voy. Jaillot, *Recherches sur Paris*, quartier des hâlles,
p. 29.
[2] *Le dit des rues de Paris*, composé au début du quatorzième siècle.
[3] La rue de la Lingerie actuelle va de la rue des Halles à
la rue Berger.
[4] *Cartulaire de Notre-Dame*, t. IV, p. 116.
[5] *Dictionnaire du commerce*, art. linger.

réservées aux femmes : « Quidam homines,
écrit-il, usurpant sibi officia mulierum, quia
vendunt mappas [1]... » Il nous apprend aussi
que les principaux objets de leur commerce
étaient les nappes, les serviettes, les draps;
puis, autant qu'un latin fort barbare peut permettre de l'affirmer, différentes pièces du
vêtement des femmes, chemises, braies, thé-
ristres, rochets, étamines, guimpes, voi-
lettes, etc. [2]

J'ai parlé ailleurs du linge de table [3], et je
m'occuperai tout à l'heure des draps et des
chemises. Les braies [4] portées par les femmes
représentaient assez exactement leurs panta-
lons actuels. La théristre était, suivant Ducange [5], un vêtement analogue à la chemise,
une longue camisole peut-être; mais M. Quicherat y reconnaît une sorte de coiffure [6], celle
que Jean de Garlande nomme *pepla*. Le roque
ou rochet, imité du surplis des évêques, con-

---

[1] *Dictionarius, sive de dictionibus obscuris,* composé au
milieu du treizième siècle, édit. Scheler, p. 28.

[2] « Vendunt mappas et manutergia et lintheamenta, camisias et braccas, teristra, supara, telas, stamineas, pepla et
flammeola. »

[3] Voy. les *Variétés gastronomiques*, p. 29 et suiv.

[4] Voy. *Les magasins de nouveautés*, t. I, p. 58.

[5] *Glossarium*, au mot theristrum.

[6] *Histoire du costume*, p. 143 et 144.

stituait un vêtement léger et à courtes manches. On nommait étamine une ample tunique
à manches étroites, copiée sur une des pièces
du costume des Bénédictins. La guimpe ou
wimple était un grand voile, de toile très fine,
qui couvrait une partie de la tête, le cou et
les épaules ; on la trouve beaucoup plus tard
portée par les religieuses, par les veuves, par
les femmes qui se consacraient à une vie
austère. La voilette était un diminutif de la
guimpe.

Aucun de ces objets ne se portait blanc. Au
treizième siècle, les femmes, prises de passion
pour la couleur crème, se plaisaient à ensa-
franer, non seulement leur visage, mais tous
les vêtements de toile dont elles se servaient.
C'est ainsi que s'expliquent ces vers du *Dit
d'un mercier* [1] :

> J'ai les guimples ensaffrenées,
> . . . . . . . . . . . . . . .
> J'ai saffren à metre en viandes [2]
> Que ge vent à ces damoisels
> A faire jaunes lor tocles [3].

---

[1] Voy. *Les magasins de nouveautés*, t. I, p. 5.
[2] Le safran entrait alors comme assaisonnement dans un
grand nombre de mets. Voy. H. Étienne, *Apologie pour
Hérodote*, chap. xxxvii.
[3] Leurs toiles.

Donc, jaunes aussi étaient les chemises, et elles semblent avoir porté d'abord le nom de chainse, en latin *camisia, camisa,* etc., mots qui désignaient aussi l'aube à l'usage des prêtres [1]. Quoi qu'on en ait dit, l'usage de la chemise remonte très haut, même si l'on s'en tient strictement à appeler ainsi, non une tunique de dessous, mais un vêtement fait de toile et porté sur la peau. Nous verrons tout à l'heure la *camisia* citée par Isidore de Séville au septième siècle ; au siècle suivant, le moine de Saint-Gall nous révèle que Charlemagne portait une « camisia cilicina [2]. » A vrai dire, je suis un peu embarrassé pour déterminer le sens du mot *cilicinus.* La traduction publiée sous la direction de M. Guizot y voit une « toile très fine. » Peut-être est-ce là l'origine de l'expression « chemise de cainsil, » employée plus tard pour désigner une chemise faite d'un tissu fort léger.

Dès le onzième siècle, on se servait de chemises, et jusqu'en Orient. Durant la première croisade, quand le prince d'Édesse adopta

[1] Voy. Ducange, au mot camisa, et les *Annales Bertiniani,* édit. Dehaisnes, p. 114.

[2] Monachus Sangallensis, *De gestis Caroli magni,* dans le *Recueil des historiens,* t. V, p. 121.

Baudouin pour son fils, il dut procéder à la cérémonie symbolique qui seule pouvait valider le contrat. Afin de montrer qu'il regarderait désormais Baudouin comme son enfant, « comme sorti de lui-même, » dit Ducange [1], il le fit entrer tout nu dans le vêtement intérieur de lin que nous nommons une chemise, le pressa contre sa poitrine et l'embrassa. Sa femme en fit autant. Ceci nous est raconté par deux écrivains contemporains, Guibert de Nogent et Albert d'Aix [2].

Geoffroi du Vigeois, auteur d'une très précieuse chronique, écrivait en 1178 : « En cette année, la récolte du lin fut si mauvaise qu'une chemise que l'on payait ordinairement neuf deniers se vendait deux sous quatre deniers [3]. »

---

[1] Dissertation xxii, édit. de 1887, p. 72.

[2] Voici le récit, très clair, de Guibert de Nogent : « Intra lineam interulam, quam nos vocamus camisiam, nudum intrare cùm faciens, sibi adstrinxit... Idem et mulier post modum fecit. » Guibertus de Novigento, *Historia*, lib. III, cap. xiii ; dans Bongars, *Gesta Dei per Francos*, t. I, p. 496.

Albert d'Aix est un peu moins précis : « Nudo pectori suo illum astringens, et sub proximo carnis suæ indumento semel hunc investiens... » Albertus Aquensis, *Historia Hierosolimitanæ expeditionis*, lib. III, cap. xxi ; dans Bongars, t. I, p. 222.

[3] Gaufridus Vosiensis, *Chronicon;* dans le *Recueil des historiens*, t. XII, p. 447.

On sait que, pendant le séjour de saint Louis en Orient, « le Vieux de la montagne » rechercha son alliance. Des envoyés lui apportèrent, écrit Joinville, « la chemise dou Vieil, » et lui déclarèrent « que aussi comme la chemise est plus près dou cors que nus austres vestemens, aussi veut li Viex tenir li roy plus près à amour que nul autre roy[1]. »

Il serait difficile de dire ce qu'était la chemise du Vieux de la montagne, mais nous savons qu'en France, on en portait alors de fort élégantes. Dans *Le roman de la violette*, Gérard, s'habillant pour aller voir la belle Euriant, revêt

.......... chemise ridée
Qui de fil d'or estoit brodée[2].

Le col était, comme aujourd'hui, fermé sur le devant par un bouton, ainsi que les manches, tenues très étroites au poignet. Quant aux rides dont il vient d'être question, il est facile d'y reconnaître des petits plis.

Au quatorzième siècle apparaît un nom nouveau, celui de *robe-linge*, qui semble dé-

[1] Édit. de 1868, p. 162. Voy. aussi p. 42.
[2] Gibert de Montreuil, *Le roman de la violette* (XIIIᵉ siècle), édit. Francisque Michel, p. 170.

signer plus particulièrement les chemises
d'homme. Les articles 194 et 195 de la grande
ordonnance du 30 janvier 1350 fixent le prix
à payer pour la façon d'une « robe-linge
d'homme » ou d'une « chemise de femme[1]. »

A ce moment, dit M. Quicherat[2], « la
chemise devient d'un usage universel. » C'est
aussi l'opinion de M. Siméon Luce, qui écrit :
« Dès la première moitié du quatorzième
siècle, la chemise ne fut pas réservée aux personnes aisées; elle devint alors d'un usage
universel. Non seulement l'inventaire d'un
valet de chambre, dressé en 1361, comprend
jusqu'à treize chemises, mais encore nous
voyons que des serviteurs de l'ordre le plus
humble, de simples valets de ferme, ont une
chemise à ôter quand ils se mettent au lit et une
chemise à mettre quand ils en sortent. Dans
un acte où il est parlé de jeunes garçons qui
se sont débarrassés de leur vêtement de dessus
pour jouer à la paume, on constate qu'ils sont
tous en chemise. De pauvres femmes volent
une grande toile à battre le blé pour s'en faire
des chemises[3]. »

[1] *Ordonn. royales*, t. II, p. 350.
[2] Page 228.
[3] *B. Du Guesclin et son époque*, édit. de 1876, p. 75.

Ceci est très bien, mais je trouve, de mon côté, que le testament de Galeran le Breton, bourgeois de Paris mort en 1299, mentionne seulement une chemise[1]. Quatre-vingts ans plus tard, en 1379, Jean de Hétomesnil, chanoine de la Sainte-Chapelle, ne possédait encore que deux chemises[2]. L'usage n'en était donc pas devenu, à Paris du moins, aussi général qu'on veut bien le dire. Toutefois, le soin du linge constituait alors le grand souci d'une bonne ménagère. Lisez plutôt ce naïf passage, extrait du *Ménagier de Paris*, curieux traité d'économie domestique qui fut rédigé vers 1393 par un riche bourgeois parisien :

« Aimez la personne de vostre mary songneusement, et vous pry que vous le tenez nettement de linge, car en vous en est[3] ; et pour ce que aux hommes est la cure et soing des besongnes de dehors, et en doivent les marys soignier, aler, venir et racourir de çà et de là, par pluies, par vens, par nèges, par gresles, une fois mouillé, autre fois sec, une fois

---

[1] « Unum chemisium. » *Bulletin de la Société de l'histoire de Paris*, an. 1892, p. 166.

[2] *Mémoires de la Société de l'histoire de Paris*, t. IV, p. 134.

[3] Car ce soin vous incombe.

suant, autre fois tremblant, mal peu[1], mal
hébergié, mal chauffé, mal couchié. Et tout
ne luy fait mal, pour ce qu'il est réconforté
de l'espérance qu'il a aux cures[2] que la femme
prendra de luy à son retour, aux aises, aux
joies et aux plaisirs qu'elle luy fera ou fera
faire devant elle ; d'estre deschaux[3] à bon
feu, d'estre lavé les piés, avoir chausses et
soulers[4] frais, bien peu, bien abeuvré, bien
servi, bien seignouri, bien couchié en blans
draps et cueuvrechiefs blans, bien couvert
de bonnes fourrures, et assouvi des autres
joies et esbatemens, privetés, amours et se-
crets dont je me tais. Et lendemain robes-
linges et vestemens nouveaulx[5]. »

C'est le lendemain seulement que sa bonne
femme lui donne une chemise blanche, car
du douzième au quinzième siècle inclusive-
ment, la chemise fut un vêtement de jour ;
on la retirait en se mettant au lit, et l'on se
couchait tout nu.

Je ne crois pas qu'il en ait été de même

---

[1] Mal nourri. *Peu* est ici le participe passé du verbe
*paistre.*
[2] Aux soins.
[3] D'être déchaussé.
[4] Souliers.
[5] Tome I, p. 168.

avant le douzième siècle. Il est certain que,
dès le septième siècle, les Bénédictins avaient
deux tuniques de laine, l'une pour le jour et
l'autre pour la nuit[1]. A la même époque,
Isidore de Séville nous apprend que la chemise, *camisia*, a été ainsi nommée parce que
nous la revêtons pour dormir dans nos lits,
« in camis nostris[2]. »

Les mœurs changèrent. D'où l'expression
« coucher nu à nue, » si fréquente dans les
fabliaux. Dans le *Roman du chevalier de la
charrette*, écrit par Chrétien de Troyes à la fin
du douzième siècle, un personnage nommé
Lancelot se voit obligé d'accepter à coucher
chez une femme qui ne possédait qu'un lit.
Cette femme était devenue amoureuse de son
hôte, mais le chevalier ne partageait pas du
tout ce sentiment, et pour le lui prouver, il
se mit au lit en ayant soin de ne pas retirer
sa chemise :

---

[1] « Grossam quotidianam staminiam et tunicam aliam
nocturnam. » Voy. D. Calmet, *Commentaire sur la règle
de saint Benoît*, t. II, p. 231. Voy. aussi, t. I, p. 563.

[2] « Camisias vocamus, quod in his dormimus in camis, id
est in stratis nostris. » Ducange, au mot camisa. — Je ne
crois pas que *camis* ait jamais été latin, mais Isidore, évêque
de Séville, était né à Carthage, et la langue maternelle
déteint parfois sur son style. Je rappelle qu'en espagnol,
*cama* signifie lit.

Et il se couche tout atret,
Mès sa chemise pas ne tret.

L'hôtesse comprit, et s'éloigna [1].

Gibert de Montreuil, trouvère du treizième siècle et auteur du *Roman de la violette*, me fournit un autre exemple de cette coutume. La vieille Gondrée, qui aide Euriant à se coucher, ne peut revenir de son étonnement en la voyant entrer au lit sans avoir retiré sa chemise. Elle lui demande pourquoi elle

Ne volt demostrer sa char, nue.

A quoi la belle fille répond qu'elle désire cacher ainsi à tous les yeux un *signe* que son ami seul connaît [2].

En ce temps-là, un barreau de bois appelé *la perche* était disposé près du lit en guise de portemanteau, et recevait une partie des vêtements lorsqu'on se couchait.

Voici quelles étaient à cet égard les exigences de la civilité : Vous devez étendre sur la perche vos vêtements de drap et vos fourrures. Votre chemise et vos braies auront leur place sous le traversin. Et le matin, en vous

---

[1] Édit. P. Tarbé, p. 38.
[2] Édit. Fr. Michel, p. 31.

levant, vous passerez d'abord votre chemise [1].

Un curieux passage du *Ménagier de Paris* nous apprend qu'on ôtait sa chemise seulement après être entré dans le lit, et c'est sans doute pour cela qu'on la déposait, non sur la perche, mais sous le traversin : « Lorsque le feu des cheminées sera éteint partout, » vos gens se retireront pour se coucher. Il faut qu'ils aient chacun sa chandelle dans un chandelier solide et à large pied, qu'ils le déposent au milieu de la pièce, qu'ils l'éteignent « à la bouche ou à la main » avant de se mettre au lit et non pas au moment où ils enlèvent leur chemise [2].

Les miniatures des anciens manuscrits, aussi bien que les gravures ornant les premières productions de l'imprimerie, témoignent tous de cette coutume, qui persista jusque

[1]
  Et si·deves pendre vos dras
  A une perche. .   .   .   .   .
  .   .   .   .   .   .   .   .   .
  Vos kemises mettes·.
  Sous le cavecheul du lit,
  Vos braies dessous le lit
  A tout le braieul.
  Et au mattin, quant vorres lever,
  Premiers viestes vo chemise.

H. Michelant, *Le livre des mestiers, dialogues françois-flamands composés au quatorzième siècle*, p. 12.

[2] Tome II, p. 70.

Bénédiction du lit nuptial.
D'après la *Mélusine* de 1478.

vers la fin du quinzième siècle. Je citerai, par
exemple, la *Mélusine* de Jean d'Arras, qui fut
imprimée en 1478, édition d'une extrême
rareté et ornée de très précieuses figures.
Trois d'entre elles[1] représentent des personnages couchés dans leur lit, et il est parfaitement visible qu'ils y sont tout nus.

C'est vers 1490 que Martial de Paris écrivait ses *Arrêts d'amour*, où je lis : Une dame
promet à son ami que « quand se lèveroit au
matin diroit, en mettant sa chemise : Dieu
doint[2] bon jour à mon très doulx amy. » Et
encore : Une dame feignant l'arrivée de son
mari, réveille son amant, qui « soudainement
jetta la couverture du lict, et se leva tout nud,
comme s'il venoit du ventre de sa mère[3]. »

Au seizième siècle, il était d'usage que les
femmes quittassent leur chemise pour la première nuit qu'elles passaient avec leur mari ;
d'où le proverbe : « Ses promesses ressem-
blent à celle d'une mariée qui entreroit au lit
en chemise, » c'est-à-dire ses promesses sont
ridicules, impossibles à tenir[4]. Ceci prouve

---

[1] Folios 14, 52 et 127. — Voy. *L'enfant*, t. II, p. 1.
[2] Donne.
[3] Édit. de 1731, p. 36 et 229.
[4] La Mésangère, *Dictionnaire des proverbes françois*, art.
chemise.

bien qu'en temps ordinaire, l'on gardait alors
sa chemise pendant la nuit. Ouvrons la *Farce
du nouveau marié,* composée vers le milieu
du seizième siècle. Une mère cause avec sa
fille, récente épousée qui se plaint d'être
encore vierge :

LA MÈRE

Fist-il despouiller ta chemise
La première nuict qu'il t'espousa?

LA FILLE

Nenny, car je croy qu'il n'osa.
Dé dormir je faisoy grand fainte [1].

On a cependant prétendu que l'habitude
de coucher nu s'était perpétuée bien au delà
du seizième siècle ; ce sujet a même été l'objet
d'intéressantes controverses dont *Le moliériste* s'est fait l'écho [2]. Une phrase de Molière
dominait le débat, une de celles qu'il prête à
Cathos dans le cinquième acte des *Précieuses
ridicules* [3] : « Pour moi, mon oncle, tout ce
que je puis vous dire, c'est que je trouve le
mariage une chose tout à fait choquante.

---

[1] *Ancien théâtre françois,* t. I, p. 15.

[2] *Le moliériste,* publié par Georges Monval, 5ᵉ année,
1883-84, p. 20 et 86.

[3] Pièce jouée en 1659.

Comment est-ce qu'on peut souffrir la pensée de coucher contre un homme vraiment nu? »

Ceux qui veulent prendre à la lettre l'expression dont se sert ici Cathos peuvent invoquer, à l'appui de leur opinion, un certain nombre de faits qui ne me paraissent pas prouver grand'chose. Saint-Simon [1] raconte qu'un soir, chez le Dauphin fils de Louis XIV, celui qu'on appelait Monseigneur, le grand prieur et le prince de Conti se querellèrent en jouant aux cartes et finirent par mettre l'épée à la main. Heureusement, « l'arrivée de Monseigneur, tout nu en robe de chambre, que l'on alla avertir, leur imposa à tous deux. » Rien n'empêche ici que Monseigneur ait eu une chemise sous sa robe de chambre.

Autre anecdote. Celle-ci figure dans le *Discours touchant la vie de M. de Bensserade*, publié en tête de ses œuvres [2]. Un matin, entre sept et huit heures, Benserade, couché au château de Versailles, voit entrer un valet de chambre du roi, qui lui remet une bourse de trois cents pistoles. C'était le gain fait la veille au jeu par Louis XIV, et dont il gratifiait Benserade. Le poète fut si ravi qu'il

[1] Tome II, p. 95.
[2] Édit. de 1697. Le discours est sans pagination.

voulut embrasser le valet de chambre. Il « se jetta à son cou tout nud et l'accompagna jusqu'à la porte de la chambre. » L'histoire me paraîtrait tout aussi gaie si l'on admet que, comme je le crois, Benserade était tout nu dans sa chemise.

Enfin, le duc de Beauvilliers, racontant en mauvais vers le voyage de Louis XIV à Nantes, dit que Fabry, capitaine des gardes, s'était couché en travers de la porte du roi et venait de s'endormir

> . . . . . . . . . . lorsqu'un assez grand bruit
> Le fit sans marchander jeter hors de son lit,
> Et, nu comme il étoit lorsqu'il vint sur la terre,
> Couvert d'un baudrier et de son cimeterre,
> Ayant ouvert la porte...

L'invraisemblance est manifeste. Peut-on supposer que Fabry en se couchant, et après s'être déshabillé, ait été passer son baudrier sur son corps nu ? Si, réveillé en sursaut, il a pris le temps d'arborer son baudrier et son cimeterre, il avait bien celui, et ce dut être sa première pensée, de saisir un vêtement pour s'en couvrir.

Tous ces arguments sont ruinés par le fait seul qu'on se dit nu lorsqu'on est en chemise, et je reste convaincu qu'au dix-septième siècle

l'usage était de garder pour la nuit ce véte-
ment intime. Remontons même, si vous le
voulez, jusqu'au seizième siècle. Quand Élisa-
beth, fille de Henri II, épouse le duc d'Albe
(1559), son trousseau comprend douze chemises de jour et douze chemises de nuit [1]. A la
même date, Jérôme de Monteux, médecin du
roi, écrit dans un traité d'hygiène : « En yver
sont convenables chemises de nuict [2]. » Ainsi,
dès le milieu du seizième siècle, on ne couchait point nu, au moins l'hiver.

D'ailleurs, j'admets volontiers que bien
des gens restèrent, pendant longtemps encore, fidèles à l'ancienne coutume. La *Bienséance de la conversation entre les hommes*,
imprimée en 1618, renferme de sages avis
pratiques, celui-ci entre autres : « Ne dors sans
chemise, tant pour la bienséance que pour te
trouver plus prompt et appareillé à tout cas
et occurence qui pourroit arriver. » Phrase
qui est reproduite presque textuellement dans
une *Civilité* publiée en 1667 [3]. La bonne

---

[1] *Mémoires de Guise*, édit. Michaud, p. 446.

[2] *Commentaire de la conservation de santé et prolongement de vie, traduit en françois par Claude de Valgelas.*
1559, in-4°, p. 27.

[3] *La civilité nouvelle, contenant la vraye et parfaite
instruction de la jeunesse, pour aprendre à prier Dieu, les*

société n'avait pas besoin de semblables conseils. Lisez cette énigme qui date du milieu
du dix-septième siècle [1] :

Je touche de plus près la plus cruelle dame,
Qui me découvre à nud les plus rares beautez.
Elle approuve tousjours ces grandes privautez,
Et j'embrasse souvent sans crainte qu'on m'en
[blasme.]

Je sers également l'homme comme la femme,
Et le jour et la nuict je suis à leurs costez,
Mais ils me font souffrir d'estranges cruautez,
Bien que dedans mes bras ils esteignent leur flamme.

Mon destin ne veut pas qu'on se passe de moy.
Je sers le plus petit comme le plus grand Roy,
Tantost des gens cruels et sans miséricorde.

On me trempe, on me bat, on me tord, on m'estend,
On me frotte, on me pend de mon long sur la corde,
Et quelquefois après mon possesseur me vend.

Louis XIV portait la nuit, non seulement
une chemise [2], mais encore une camisole.

bonnes mœurs, à bien lire et écrire l'orfographe (sic), et
généralement ce que la jeunesse doit sçavoir pour pratiquer
la vertu et éviter les vices, par L. D. L. M. In-8°, p. 74.

[1] C. Cotin, Recueil des énigmes de ce temps. La première édition parut en 1646. J'ai fait ma copie sur l'édition
de 1661, 2ᵉ partie, p. 88.

[2] Le premier médecin et le premier valet de chambre
entraient chez lui à huit heures, et « lui changeoient de
chemise, parce qu'il étoit sujet à suer. » Saint-Simon,
t. XII, p. 172.

*L'état de la France* est formel sur ce point [1].
Le roi ayant quitté son lit prenait aussitôt un
premier déjeuner.

Sa Majesté après le déjeuner ôte sa robe de
chambre, et le maître de la garderobe lui tire la
camisole de nuit par la manche droite et le premier valet de garderobe par la manche gauche,
puis il remet cette camisole entre les mains d'un
des officiers de la garderobe. Le Roy, avant de
quitter sa chemise de nuit, ôte les reliques qu'il
porte sur lui jour et nuit...

Cependant un valet de garderobe apporte la
chemise du Roy, qu'il a chauffée s'il en est besoin
et prête à donner, couverte d'un tafetas blanc...
Au moment que le Roy a sa chemise blanche sur
ses épaules et à moitié vêtuë, le valet de garderobe
qui l'a apportée prend sur les genoux du Roy ou
reçoit des mains de Sa Majesté la chemise que le
Roy quitte. Pendant que Sa Majesté ôte sa chemise
de nuit et met sa chemise de jour, aux côtez de son
fauteuil il y a deux valets de chambre qui soû-
tiennent sa robe de chambre pour le cacher.

Un cérémonial à peu près identique prési-
dait au coucher du roi :

Deux valets de chambre derrière le fauteuil de

---

[1] Edit. de 1712, t. I, p. 264 et 300. L'édition de 1672
dit seulement : Au lever du roi, « s'il se trouve là quelque
prince du sang, c'est luy qui donne la chemise au Roy.
Alors le Roy ôte sa chemise de nuit et met l'autre qu'on
luy donne. » (Page 104.)

Sa Majesté tiennent la robe de chambre à la hauteur des épaules du Roy, qui dévêt sa chemise pour prendre sa chemise de nuit, qu'un valet de garderobe chauffe, s'il en est besoin...

Le Roy aïant pris sa chemise de nuit, le premier valet de chambre, qui a tiré les reliques de la petite bourse, les présente au grand chambélan qui les donne à Sa Majesté. Le Roy les met sur lui, passant le cordon qui les tient attachées en manière de baudrier. Et quand Sa Majesté met une camisole de nuit, le grand maître de la garderobe prend cette camisole des mains d'un valet de garderobe, et la vêt au Roy, qui prend ensuite sa robe de chambre et se lève de dessus son fauteuil.

Le mouchoir n'est pas moins ancien que la chemise; mais, jusqu'au seizième siècle, les poches n'existant pas [1], on ne put le mettre dans la poche. On l'attachait au bras gauche, comme les prêtres font encore de la bande d'étoffe appelée *manipule,* et qui dans l'origine était destinée à leur servir de mouchoir durant les offices. Les évêques portaient un mouchoir attaché à leur crosse, les chantres à leur bâton, etc. Cet usage subsistait au dix-huitième siècle dans l'église de Saint-Denis et dans plusieurs églises de campagne [2]. Chez

---

[1] Voy. *Les magasins de nouveautés,* t. I, p. 139.

[2] Voy. Claude de Vert, *Explication des cérémonies de l'Église,* t. II, p. 315, et t. III, p. 32.

les laïques, le mouchoir était, parait-il, fréquemment oublié, et en son absence la manche le remplaçait. Deux expressions proverbiales sont nées de cette coutume. On dit : « Du temps qu'on se mouchait sur sa manche, » pour rappeler un temps où les mœurs étaient d'une grande simplicité, et, dans un sens opposé : « Ne pas se moucher sur sa manche. » Toutefois, je ne dois pas dissimuler que, longtemps encore, bourgeois et plébéiens surent très bien se passer de mouchoir. Je reviendrai sur ce sujet dans le chapitre suivant.

Les nobles dames eurent, de bonne heure, des mouchoirs fort luxueux. Je vois figurer dans l'inventaire de Clémence de Hongrie [1], veuve de Louis le Hutin, « un esmouchoir de soye [2]. »

La dimension des lits nécessitait l'emploi de draps énormes. On nommait *couchettes* de petits lits qui avaient six pieds carrés ; les *couches* mesuraient huit pieds et demi sur sept et demi, ou onze sur dix, ou douze sur onze [3]. Le pied représentant $0^m,324$, ces derniers

---

[1] Morte en 1328.
[2] Douët d'Arcq, *Nouveaux comptes de l'argenterie,* p. 66.
[3] Sauval, *Antiquités de Paris,* t. II, p. 280.

avaient donc environ quatre mètres de largeur. Mais il ne faut pas oublier qu'à cette époque les nobles invitaient sans cesse à coucher avec eux leurs compagnons d'armes, en signe de fraternité chevaleresque ; et, ce qui peut nous paraître plus étrange, c'est que leurs femmes et même leurs chiens prenaient souvent place auprès de l'étranger. Ces lits immenses étaient élevés sur une ou deux marches, qui les dépassaient d'environ deux pieds en tous sens.

On comprend que des lits de quatre mètres étaient difficiles à faire. Aussi les servantes employaient-elles pour tendre les draps et les couvertures un bâton spécial, dit *bâton de lit*[1]. Naturellement, les couches ne pouvaient être déplacées, mais on rencontre parfois dans les miniatures du quatorzième siècle des couchettes dont les pieds sont munis de roulettes.

Un bon lit se composait alors d'une paillasse, un matelas, un lit de plume, un traversin et un oreiller.

La paillasse était remplie de foin et de paille. Parmi les dépenses faites par Charles V au château du Louvre en 1364, je relève

---

[1] Voy. V. Gay, *Glossaire archéologique*, t. I, p. 131.

celles-ci : « Pour cent aulnes de toile à faire paillasse et autres choses, à 2 s. parisis l'aulne, x liv. paris. » Et : « A Agnès la Cauche, cousturière [1], pour avoir taillé neuf paillasses, icelles emplies de foin et de feurre [2], et cousues, xxxii s. par [3]. »

Le matelas, dit *matheras, materas, matras,* etc., se garnissait de laine et de coton.

Le lit de plume était appelé *couste, coute, coite, couyte, coete,* etc., et les gens qui le confectionnaient prenaient le nom de *coustiers* et *coustières* [4]. Son enveloppe s'appelait une *taie* [5].

Le traversin, *traversain, coussin, coissin chevecier* ou *cheveciel* [6], se remplissait de duvet. Je lis dans un compte de 1352 : « A Pierre de Villiers, coutier, pour soixante-six livres de duvet, à emplir les deux quarreaux [7] de l'ora-

---

[1] Sur le sens du mot couturière avant le dix-septième siècle, voy. *Les magasins de nouveautés,* t. I, p. 64 et 251.

[2] De paille.

[3] Le Roux de Lincy, *Compte des dépenses,* etc., p. 25.

[4] Voy. Ducange, au mot couta.

[5] « Pour deux taies, une à couste et l'autre à coissin, 9 liv. » *Compte de Geoffroi de Fleury pour* 1316, dans Douët d'Arcq, *Comptes de l'argenterie,* p. 36. — On trouve *taye, toie,* etc.

[6] Voy. Ducange, au mot couta.

[7] Nous dirions aujourd'hui les deux coussins.

toire de madame Blanche de Bourbon [1] et le
coussin de son matraz, 16 liv. 10 s. par. [2] »

L'oreiller, en latin *auricula, auriculare, au-
ricularium, pulvinar, pulvinus* [3], ressemblait
tout à fait aux nôtres. Sa taie était parfois
l'objet d'un grand luxe ; on en trouve qui
portent aux coins des houppes pendantes,
d'autres sont découpées à jours, ornées de
perles, etc. Un inventaire de 1353 contient
cette mention : « Pour un orillier de veluyau [4]
vermeil, semé de perles d'orient... Pour un
petit orillier plein de duvet, à quatre boutons
de perles.... [5] »

Assez souvent, le lit est surmonté d'un ciel
qui le couvre tout entier, et que soutiennent
quatre colonnes partant des angles. Ou bien
ce ciel, maintenu par des barrés de fer ou de
bois fixées soit dans le plafond, soit dans la
muraille, ne s'avance qu'à mi-corps, forme ce
que l'on nomme alors un pavillon ou un éper-
vier. Quelquefois, le dossier du lit, du côté
de la tête, est fort élevé et se relie au ciel,

---

[1] Mariée en 1352.
[2] Douët d'Arcq, *Comptes*, p. 186.
[3] Voy. Ducange, au mot auriculare.
[4] Velours.
[5] Dans Douët d'Arcq, *Comptes*, p. 325

Quauoir souloit enuers Uous ma memoire
Pour dieu dame monstrez Uostre inuentoire
Et aleguez Uostre prescription
Ou autrement suis a destruction

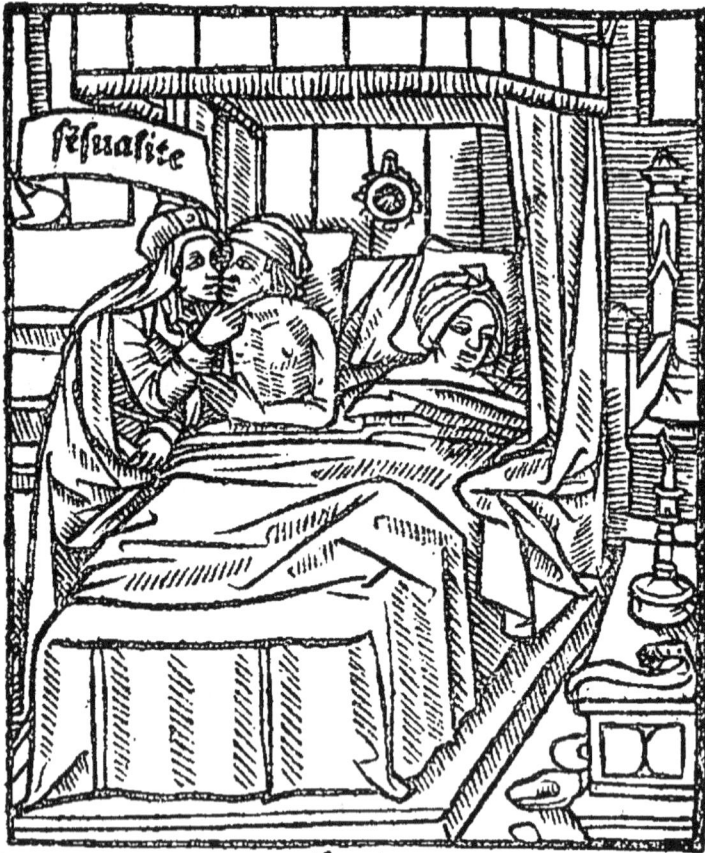

Lacteur

Ainsi que iestoye tout seul gi=
sant sur ma couche le corps au
seiour lesperit trauaillãt tout
a part moy conduysant le cha=
riot de Ma Souuenance au
pays De diuerses Pensees et
ᏸᏸ iii

Un lit au quinzième siècle.
D'après le *Séjour d'honneur* d'Octavien de Saint-Gelais

mais en général il ne dépasse guère la hauteur de l'oreiller.

La couverture est de serge ou de tiretaine dans les maisons pauvres, de drap ou de fourrure dans les maisons riches. Par-dessus s'étend la *coustepointe,* faite d'une étoffe mise en double, rembourrée de duvet ou de coton, et *pointe,* ce qui signifie cousue, nous dirions aujourd'hui piquée.

Les draps de lit étaient presque toujours nommés *draps-linges,* pour les distinguer des draps de laine, et aussi *linceuls* ou *linceux,* parce que, comme de nos jours, ils servaient à ensevelir les morts. Leur dimension rappelait naturellement celle des lits. Dans un inventaire de 1387, je relève cette dépense : « A Jehanne de Brie, marchande de toilles, demourant à Paris, pour vingt-cinq aulnes de toile bourgeoise, pour faire deux paires de draps à lit, chascune paire de dix aulnes [1]. » Ainsi qu'aujourd'hui, le drap de dessus se repliait sur la couverture. Christine de Pisan, décrivant le lit très luxueux d'une accouchée, signale un « grant drap de lin, aussi délié que soie, tout d'une pièce et sans cousture,

---

[1] Douët d'Arcq, *Nouveaux comptes,* p. 151. — L'aune de Paris équivalait à 1$^m$,19.

qui est une chose nouvellement trouvée[1]. »

La lingerie d'une famille noble contenait une grande quantité de draps. Charles V paraît n'en avoir possédé que quarante-neuf paires[2]. S'il faut en croire l'inventaire dressé après la mort d'Anne de Bretagne, la lingerie royale en eût alors renfermé sept à huit cents douzaines[3], mais j'ai peine à croire qu'il n'y ait pas là quelque erreur de lecture : 9,600 draps, c'est beaucoup, même pour une reine. Notons ici qu'à la mort du souverain, tout le linge royal était attribué aux religieuses de la Saussaie près de Villejuif[4]. Ce privilège spécial s'étendait-il aussi au linge laissé par les reines? Je n'ai pu l'établir.

Dans les maisons bourgeoises, tout le linge était marqué. On se servait d'un sceau ou d'une griffe, que l'on colorait au moyen d'une composition dont *Le ménagier de Paris* nous a transmis la formule. Il y entrait du cambouis[5],

---

[1] *Le trésor de la cité des dames, selon dame Cristine,* édit. de 1497, f° 59 verso.

[2] *Inventaire du mobilier de Charles V,* p. 335, 349, 350 et 352.

[3] *Extrait de l'inventaire d'Anne de Bretagne;* dans la *Bibliothèque de l'École des chartes,* année 1849, p. 163.

[4] J. du Tillet, *Recueil des roys de France,* édit. de 1586, p. 250.

[5] « Prenez camboïs, c'est le limon noir qui est aux deux bouts de l'essieu de la charette... »

de l'huile et du vinaigre bouillis ensemble[1].
Le linge royal était marqué d'une fleur de lis
brodée à la main et parfois accompagnée
d'une épée. Les *Comptes de l'hôtel des rois de
France aux quatorzième et quinzième siècles* me
fournissent les mentions suivantes :

Année 1380. A Robinette la cousturière, demourant à Paris, pour seigner 194 touailles[2], tout à la
fleur de liz et l'espée. — A la même, pour seigner
à la fleur de lis 160 nappes et touailles en la
chambre des nappes.

Année 1401. A Asselot, lingière, pour avoir signé
158 pièces de nappes et touailles à demie fleur de
lis, chascune pièce singnée aux deux bouts.

Année 1421. A Jehanne la Lorraine, pour la
façon de 84 fleurs de liz, par elles faites de fil noir
aux nappes et touailles[3].

Sous Louis XII, le linge royal était marqué
de trois fleurs de lis jaunes[4].

Je dirai tout de suite qu'au dix-huitième
siècle l'on se servait encore de sceaux gravés
pour marquer le linge. C'est du moins ce que
prouve l'annonce suivante, extraite d'un

---

[1] « Pour faire liqueur pour seigner linge, » t. II, p. 263.
[2] Serviettes.
[3] Pages 63, 66, 149 et 278.
[4] *Extrait de l'inventaire*, etc.

journal publié en 1779 : « Le sieur Bresson
Maillard, de l'académie de Saint-Luc[1], gra-
veur coloriste de la Cour, rue Saint-Jacques
vis-à-vis celle de la Parcheminerie, maison du
limonadier, à Paris, tient un assortiment de
marques de linge, ainsi qu'une liqueur pour
en faire l'empreinte, qui, sans altérer la toile,
est à l'épreuve de la lessive[2]. »

La corporation des lingères resta pendant
longtemps fort peu nombreuse; deux maîtresses seulement sont citées par la *Taille de*
1292, huit par celle *de* 1300. Il faut sans
doute en conclure que, durant plusieurs siècles,
les ouvrages de lingerie furent au sein de
chaque famille l'œuvre des mères et des filles.
Seules, les maisons opulentes confiaient ce travail à des ouvrières spéciales, alors appelées
couturières.

[1] C'est le titre que prenait la communauté des peintres
et sculpteurs, organisée comme toutes les autres communautés ouvrières. L'académie de Saint-Luc était absolument
distincte de l'académie de peinture et de sculpture, origine
de notre académie des beaux-arts.

[2] *Affiches, annonces et avis divers*, nº du 28 avril 1779,
p. 67.

# II

## LA FABRICATION ET LE COMMERCE DES TOILES

Tisserands de lange et tisserands de linge. — La chanevacerie. — Les toiles de lin. — La batiste. — Les toiles
de chanvre. — Le bougran et la futaine. — L'emploi du
coton. — Les faiseurs de fuseaux et de quenouilles. —
Les faiseurs de navettes. — Les liniers. — Les chanvriers.
— Les seranceresses ou filassières. — La corporation des
linières-chanvrières-filassières. — Les fileuses de chanvre
et de lin. — Le fuseau et le rouet. — Les chanevaciers.
— Sens du mot *clerc* au moyen âge. — Les tisserands de
toiles. — Ils sont dépositaires de l'étalon des mesures. —
Analyse de leurs statuts. — Nombre des maîtres aux
treizième et quatorzième siècles. — La rue de la Tixeranderie.

Durant la période qui nous occupe, on désigna sous le nom de *linge* les toiles de lin et de
chanvre, par opposition au mot *lange,* que l'on
appliquait aux étoffes de laine. Les tisserands
de toiles étaient dits alors tisserands de linge [1],
et les drapiers tisserands de lange [2]. Ainsi, on
lit dans les statuts des fripiers, revendeurs de
toutes espèces d'étoffes : « Nus ne puet estre
frepier, c'est à savoir vendeur ou achateur de

---

[1] *Statuts de* 1281, art. 1.
[2] *Statuts de* 1268, art. 1.

robes viez[1], de linges ou de langes[2]... » Toutefois, le mot *chanevacerie,* plus spécialement consacré aux étoffes de chanvre, désigne souvent dans les anciens comptes l'ensemble du linge, comprenant le lin, le chanvre, le coton, le linge de table, le linge de corps et même le linge d'église.

Les toiles de lin étaient alors de beaucoup les plus employées. On recherchait surtout celles que nous envoyait l'étranger, Tournai et Venise entre autres; mais la France aussi en produisait, notamment à Laon, à Compiègne, à Reims, à Morigny, à La Vauguyon, etc. En 1351, la fine toile de Compiègne vaut 9 sous l'aune, la fine toile de Reims 8 sous, la fine toile de Morigny 7 sous, et la grosse toile de La Vauguyon 4 sous[3]. Dans l'inventaire des meubles de Charles V, les nappes et les serviettes sont le plus souvent en toile de Reims, les draps en toile de Reims ou de Compiègne. La batiste date du treizième siècle. On croit qu'elle dut son nom à un sieur Batiste Cambrai ou Chambray, originaire du village de Cantaing[4], et qui s'était établi à

---

[1] De vieux vêtements.
[2] *Livre des métiers,* titre LXXVI, art. 1.
[3] *Compte d'Étienne de la Fontaine,* p. 93 et suiv.
[4] Auj. dans le département du Nord.

Valenciennes [1]. Il faut se rappeler d'ailleurs
que, parmi les tissus qui enveloppaient les
momies d'Égypte, on a trouvé des toiles iden-
tiques aux plus belles mousselines de l'Inde
et aux plus fines batistes [2].

Le chanvre, si abondant chez nous, n'était
guère utilisé que pour la fabrication des cor-
dages et de quelques toiles grossières.

Le coton venait de Syrie, d'Arménie, de
Chypre, de Malte, parfois de Sicile. En sa
qualité de produit exotique, il appartenait au
commerce des épiciers [3] et des merciers [4].
Jacques de Vitry, qui fut fait évêque de Saint-
Jean d'Acre par les Croisés vers 1217, raconte
qu'il vit en Palestine l'arbuste sur lequel
on recueille le coton, intermédiaire, dit-il,
entre le lin et la laine, et dont on fait de légers
tissus : « Sunt præterea arbusta ex quibus
colligunt bombacinem quem Francigenæ coto-
nem seu cotun appellant, et est quasi medium

---

[1] Voy. E. Bouly, *Dictionnaire historique de la ville de
Cambrai*, p. 37.

[2] *Revue archéologique*, t. XXI (1870), p. 218.

[3] On lit dans le compte des obsèques du petit roi Jean :
« Item, à Simon d'Esparnon, espicier le Roy, pour six livres
de coton, 9 s. p. » *Compte de Geoffroi de Fleuri pour* 1316,
p. 19.

[4] Voy. *Les magasins de nouveautés*, t. I, p. 12 et suiv.

inter lanam et linum, ex quo subtilia vestimenta contexuntur[1]. » Ces subtilia vestimenta
étaient des tissus d'une extrême finesse, ana-
logues à notre mousseline et qui portaient le
nom de bougran. Mais, dès le quatorzième
siècle, ce mot désigna une toile assez grossière, puisqu'on en fit des vêtements de dessous et des doublures[2]. La futaine paraît
avoir été la seule étoffe de coton un peu répandue, et encore servait-elle surtout à recou-
vrir des coussins, des matelas, des lits de
plume. Les gants et les bonnets de coton étaient
déjà le monopole d'une corporation dont les
membres furent les ancêtres de nos bonne-
tiers[3]. Le coton entrait aussi dans la garniture de divers vêtements. Ainsi, le auqueton ou
hoqueton devait son nom à ce qu'il était for-
tement garni d'ouate. Les statuts donnés aux
pourpointiers en juin 1323 leur enjoignent de
mettre au moins trois livres de coton dans
chaque hoqueton[4].

---

[1] Jacobus de Vitriaco, *Historia orientalis*, lib. I, cap. 86;
p. 171 de l'édition de 1597.

[2] Voy. Francisque Michel, *Histoire des tissus de soie au
moyen âge*, t. II, p. 29.

[3] Voy. *Les magasins de nouveautés*, t. III, p. 271 et
suiv.

[4] Article 10.

La fabrication et le commerce des toiles occupaient plusieurs corps de métier, ayant chacun son organisation particulière. C'étaient entre autres :

1° Les FUSELIERS, faiseurs de fuseaux.
2° Les NAVETIERS, faiseurs de navettes.
3° Les LINIERS, marchands de lin.
4° Les CHANVRIERS, marchands de chanvre.
5° Les FILASSIÈRES, peigneuses de filasse.
6° Les FILEUSES de chanvre et lin.
7° Les CHANEVACIERS, marchands de toiles.
8° Les TISSERANDS de toile.

Un mot sur chacune de ces communautés.

FUSELIERS. Ils fabriquaient, en bois de houx, des fuseaux et probablement des quenouilles. La *Taille de* 1313 cite, dans la rue du Temple, un sieur « Nicolas Porcel, fuiselier [1]. » Il y a là une erreur de copiste, et il faut lire *fuselier* [2].

Au milieu du seizième siècle, on colportait encore des fuseaux dans les rues, comme le prouvent ces vers, extraits des *Cent et sept cris que l'on crie journellement à Paris* [3] :

> Fuzeaux de houx, fuzeaux de houx !
> Où estes-vous, dame ou fille ?

---

[1] Page 84.
[2] Voy. Ducange, au mot fusarius.
[3] Voy. *L'annonce et la réclame*, p. 198.

J'en ay vendu, puis le mois d'aoust,
Plus d'un cent dedans ceste ville !

La petite rue des Fuseaux, qui descendait
de la rue Saint-Germain l'Auxerrois à la
Seine, devait son nom à une vaste maison
portant pour enseigne deux fuseaux. Près de là,
et parallèle à la rue des Fuseaux, se trouvait
la rue des Quenouilles[1], qui a disparu en
même temps qu'elle.

NAVETIERS. Fabricants de navettes pour les
tisserands. La *Taille de* 1292 mentionne 4 navetiers, celle *de* 1300 en cite 1 seulement.

LINIERS. Marchands de lin. Au moyen âge,
le lin cultivé en France était fort estimé ;
aussi prohibait-on l'entrée des lins d'Espagne
et de Noyon, « car telle manière de lin est
fausse et mauvèse et a esté esprouvée dès lon-
tans[2]. » Le lin se vendait soit en gros, soit
en détail, par poignées, par paquets, par
quarterons, ou par bottelettes[3]. Les liniers
achetaient le lin brut hors de la ville ou aux
halles. Avant de le mettre en vente, ils le

---

[1] Voy. Jaillot, quartier Sainte-Opportune, p. 21, 50 et
plan.

[2] *Livre des métiers*, titre LVII, art. 9.

[3] « Par poignées, par pesiaus, par cartiers et par bote-
leites, » dit l'article 2.

livraient aux filassières, qui lui faisaient subir les opérations nécessaires pour le rendre « prest à filer. »

Ces détails sont extraits des statuts que les liniers soumirent, vers 1268, à l'homologation du prévôt Étienne Boileau. Nous y lisons encore que :

Le métier était libre. Toute personne pouvait donc s'établir sans payer aucune redevance, pourvu qu'elle sût le métier et possédât un capital suffisant [1].

Chaque maître ne pouvait avoir en même temps deux apprentis ou deux apprenties [2].

La durée de l'apprentissage était de huit ans pour l'enfant sans argent, de six ans seulement pour celui qui apportait quarante sous [3].

Tous les maîtres devaient le service du guet, sauf ceux qui avaient dépassé l'âge de soixante ans et ceux dont la femme était en couche : « Li houme qui ont passé LX anz d'aage ou plus, et cil qui leurs fames gisent d'enfant [4]. »

---

[1] « Pour qu'il sache fère le mestier et il ait de coi. » Art. 1. — Voy. *Comment on devenait patron*, p. 156 et suiv.

[2] Article 4.

[3] Peut-être deux cents francs de notre monnaie. — Art. 4.

[4] Article 15.

Deux jurés administraient la corporation.

D'après la *Taille de* 1292, Paris comptait alors 18 liniers ou linières.

A la fin du dix-huitième siècle, les provinces qui produisaient le plus de lin étaient la Flandre, la Normandie, le Maine et l'Anjou, la Bretagne, la Gascogne et le haut Languedoc [1].

CHANVRIERS. Marchands de chanvre. Le chanvre arrivait à Paris par eau et par terre; il s'y vendait en filasse, en fil et par quarteron. Il ne devait être livré à l'acheteur que bien sec « et bien essuyé. »

Les chanvriers semblent avoir été seulement des intermédiaires entre les gens de la campagne et ceux qui tissaient la toile. Les trois jurés de la corporation, appelés *leveurs,* dirigeaient tout le métier. Ils examinaient le chanvre à son arrivée, vérifiaient son état de sécheresse, puis le disposaient en paquets égaux, dits quarterons, pour le faire peser au *Poids-le-roi* [2], où il payait un droit d'entrée. Ils ne pouvaient, bien entendu, faire le commerce pour eux-mêmes pendant qu'ils remplissaient ces fonctions.

---

[1] *Encyclopédie méthodique,* manufactures, t. I, p. 92* et suiv.

[2] Voy. *Les médicaments,* p. 58.

Nous lisons encore dans les statuts des
« marchans de chanvre et de fil » que le métier était libre et le nombre des apprentis illi-
mité [1].

Ces statuts furent revisés en 1485, en 1549
et en 1578, puis renouvelés en 1666, époque
où l'on n'admit plus que des femmes dans la
corporation. Chaque maîtresse ne put avoir
qu'une seule apprentie. La durée de l'apprentissage fut fixée à six ans, avec chef-d'œuvre.
Comme les chanvrières étaient presque toutes
réunies aux halles, la boutique d'une nouvelle
maîtresse devait être séparée par douze boutiques de celle où elle avait fait son apprentissage. Quatre jurées, élues pour deux ans,
surveillaient le métier.

Les provinces où l'on cultivait alors le plus
de chanvre étaient la Flandre, la Picardie, la
Bretagne, le haut Languedoc, l'Auvergne et le
Dauphiné [2].

D'après la *Taille de* 1292, il n'y aurait eu
alors à Paris que 2 chanvriers. On y comptait
en 1779 environ 245 maitresses *linières-chanvrières-filassières.*

Il existait près des halles une rue de la

---

[1] *Livre des métiers,* titre LVIII, art. 1.
[2] *Encyclopédie méthodique,* manufactures, t. I, p. 138.

Chanvrerie, dont le nom a été orthographié de bien des manières; tout porte à croire qu'elle doit ce nom aux chanvriers qui l'habitaient [1].

Les FILASSIÈRES, dites aussi *cerenceresses* et *seranceresses*, peignaient la filasse avec le séran, de manière à la rendre apte à être filée. Cette opération devait se faire dans Paris, « car l'on ne set pas bien le lin serancier hors de la ville comme l'en fet dedenz [2]. » Les femmes seules étaient admises dans la corporation. L'apprentissage durait six années. La *Taille de* 1292 cite seulement trois « cerenceresses. »

En 1666, les liniers, les chanvriers et les filassiers furent réunis en une seule corporation, dont les hommes se virent exclus et dont les maîtresses se qualifièrent dès lors de *linières-chanvrières-filassières*. Elles avaient pour patronne sainte Marguerite, dont elles célébraient la fête le 20 juillet à l'église Saint-Bon. Une confrérie de marchands de lin s'était placée sous le patronage de saint Nicolas [3].

---

[1] Voy. Jaillot, quartier des halles, p. 3.
[2] *Livre des métiers*, titre LVII, art. 3.
[3] Le Masson, *Calendrier des confréries*, p. 42 et 101.

FILEUSES. Au moyen âge, la filature occupait cinq communautés tout à fait distinctes :

1° Les fileuses de laine.
2° Les — de soie à petits fuseaux.
3° Les — de soie à grands fuseaux.
4° Les — de coton.
5° Les — de chanvre et de lin.

On ne sait à peu près rien en ce qui concerne la communauté, alors très peu nombreuse, des fileuses de coton. Je n'aurai donc à m'occuper ici que des

FILEUSES DE CHANVRE ET DE LIN. Leur corporation admettait indistinctement des hommes et des femmes, car on trouve cités des *filandriers* et des *filandrières* [1].

Leurs plus anciens statuts leur furent accordés en 1320 par le prévôt Gilles Haguin [2].

Aux termes de ces statuts :

Le droit de s'établir s'achetait dix sous, dont six revenaient au roi et quatre à la confrérie [3].

Chaque maître ou maîtresse ne pouvait avoir à la fois deux apprentis ou apprenties [4].

---

[1] Cinq dans la *Taille de* 1292, six dans celle *de* 1300.
[2] Dans les *Ordonn. royales*, t. II, p. 567.
[3] Article 6.
[4] Article 10.

La durée de l'apprentissage était de quatre ans [1].

Deux jurés administraient la communauté [2].

Ces statuts furent confirmés, sans changement, le 16 janvier 1349.

Quoi qu'on en ait dit, l'emploi du rouet ne date pas du seizième siècle. Sous son premier nom de *touret*, je le trouve mentionné dans les statuts que les chapeliers de coton (qui employaient plus de laine que de coton [3]) soumirent, vers 1268, à l'homologation du prévôt Étienne Boileau. On y lit : « Nus chapeliers de coton ne puet fère filer son fil à touret, et se il le fesoit il seroit ars [4]. » Cette interdiction prouve en outre que, pour la perfection du travail, le fuseau se voyait alors préféré au rouet. Mais celui-ci n'en était pas moins utilisé, car je rencontre dans la *Taille de* 1313 ces deux mentions [5].

Thiephaine, qui file au touret.
Heloys, qui file au touret.

[1] Article 1.
[2] Article 7.
[3] Sur cette corporation, voy. *Les magasins de nouveautés*, t. III, p. 271 et suiv.
[4] Il serait brûlé. — *Livre des métiers*, titre XCII, art. 10.
[5] Pages 33 et 116.

Jusqu'au début du dix-huitième siècle, jusqu'à la merveilleuse invention de Philippe de Girard, le lin et le chanvre étaient filés, dans les villes et surtout dans les campagnes, par des ouvrières qui utilisaient leurs veillées d'hiver à faire manœuvrer la quenouille et le rouet. Les matières le plus employées, rouies et teillées d'une façon grossière, et les fils souvent irréguliers produisaient des toiles d'un aspect rugueux et peu flatteur, mais d'une telle résistance à l'usage qu'il n'était pas rare de trouver dans les armoires de nos aïeules des serviettes, des chemises, des draps dont le service remontait à plus d'un demi-siècle [1].

CHANEVACIERS, dits aussi *chanevassiers* et *canabasseurs* [2]. J'ai expliqué plus haut la signification de leur nom. Ils soumirent, vers 1268, leurs statuts à l'homologation d'Étienne Boileau [3].

De leur examen il résulte que les chanevaciers ne fabriquaient rien. Ils se bornaient à vendre les pièces de toile qui leur étaient fournies surtout par la Flandre et la Norman-

---

[1] *Rapports du jury international de l'exposition de* 1889, groupe IV, p. 43.

[2] Voy. Ducange, au mot canabaserius.

[3] *Livre des métiers,* titre LIX.

·die, et aussi les objets de lingerie, serviettes, nappes, sacs[1], etc., qui étaient confectionnés par les lingères. Aussi dans ces statuts n'est-il ·pas question d'apprentissage.

La vente des toiles s'opérait presque exclusivement le samedi et aux halles, où les chanevaciers avaient la jouissance de plusieurs étaux, pour la location desquels chacun d'eux payait une maille par semaine[2]. C'était la seule redevance imposée au commerce de détail. La vente était regardée comme faite en gros dès qu'elle excédait cinq aunes, et le marchand devait alors au roi un droit d'une obole par chaque pièce de toile vendue, quelle ·que fût sa longueur[3].

Sous prétexte de grossir les revenus du roi, mais en réalité pour·écarter la concurrence, le commerce en gros était interdit aux forains « qui ameinent toilles à cheval à Paris pour ·vendre[4]. »

Le colportage dans les rues était défendu à tous les marchands possédant un étal[5].

---

[1] « Touailles, napes, sas. » Art. 8.

[2] Articles 3 et 4. — La maille représentait une demi-obole ou un quart de denier. Mais que valait alors le denier ? On ne saurait le dire exactement.

[3] Article 2.

[4] Articles 4 et 5.

[5] Article 6.

Les chanevaciers prétendent que, « dès le tens le roy Phelipe [1], » ils avaient le droit d'exiger une aune par trente aunes de toile qu'ils achetaient. Ils faisaient le même avantage à l'acheteur [2].

Le métier était libre [3] et surveillé par deux jurés à la nomination du prévôt, « les quiex li prevoz de Paris metra et ostera à sa volenté [4]. »

La *Taille* de 1292, qui mentionne seulement 5 chanevaciers, cite en outre 11 téliers et 3 toiliers. Qu'étaient-ce que ceux-ci? Le mot *télier* semble avoir toujours désigné un tisserand [5], mais les toiliers pourraient très bien avoir été des marchands de toiles. Il faudrait alors admettre que ce commerce était représenté à la fois par les toiliers vendant la toile de lin et par les chanevaciers vendant la toile de chanvre. Nous ne possédons pas les statuts des premiers. Dans ceux des seconds, rien ne confirme ni ne détruit l'hypothèse, qui pourrait invoquer en sa faveur ces quatre vers du *Dit du Lendit* [6] :

---

[1] Dès le temps du roi Philippe-Auguste.
[2] Article 10.
[3] Article 1.
[4] Article 12.
[5] Ducange, au mot telarius.
[6] Dans A. F., *Les rues de Paris au treizième siècle*, p. 178.

Puis m'en vins en une ruelle
Estroite, où l'on vent la telle [1].
Yceulx doi-je bien anoncier;
Et après le chanevacier.

Enfin, les chanevaciers ajoutèrent plus tard à leur nom celui de toiliers, ce qui semble bien indiquer qu'il existait une différence entre ces deux qualifications, et que les deux corps d'état qu'elles désignaient finirent par se réunir en un seul.

En 1293, trois articles ajoutés aux statuts des chanevaciers par le prévôt Guillaume de Hangest [2] interdirent à tout marchand de faire l'office de courtier et réciproquement; instituèrent deux auneurs jurés pour le mesurage des toiles; et soumirent à la règle commune les *clercs* marchands ou courtiers.

Le mot *clerc* avait alors deux acceptions principales. Il signifiait avant tout homme instruit, sachant au moins lire et écrire. Le *clerc du guet,* par exemple, avait dans ses attributions les écritures relatives à ce service, la convocation des hommes de garde [3] pour chaque

---

[1] Où l'on vend la toile.

[2] Addition au *Livre des métiers,* art. 16 à 18.

[3] Sur le service du guet imposé aux corporations, voy. *La cuisine,* p. 5 et 39.

jour, etc., etc. Les riches commerçants entretenaient aussi à l'année un clerc chargé de tenir les livres de la maison ; c'est ainsi qu'il faut entendre les mentions de ce genre assez fréquentes dans la *Taille de* 1292 : « Alain de Dampierre, et Guillot, son clerc. — Le clerc feu Adam Bourdon. — Adam, le clerc Henri des Nés. » Les corporations importantes eurent par la suite chacune son clerc. Celui-ci, installé au bureau de la communauté, servait de secrétaire aux jurés, rédigeait les procès-verbaux de leurs délibérations, réglait les comptes, percevait les redevances instituées pour l'entretien de la confrérie, etc. ; c'est à lui aussi que devaient s'adresser les ouvriers arrivant à Paris pour obtenir l'entrée dans un atelier de leur métier. On nommait encore clerc tout homme appartenant, soit de près, soit de loin, au clergé séculier ou régulier ; ce titre était donc pris par une foule d'individus au service des hauts fonctionnaires ecclésiastiques ou seulement employés dans les couvents. Les grandes abbayes de Paris possédaient un personnel considérable de clients et de serviteurs qui, considérés comme gens d'Église, étaient exempts d'impôts, à la condition pourtant qu'ils ne se livrassent à aucun trafic. Mais beaucoup d'entre eux faisaient le commerce plus ou moins ouvertement, et créaient ainsi aux corporations une concurrence redoutable, puisqu'ils ne payaient aucune des nombreuses taxes imposées aux marchands laïcs.

Les chanevaciers, devenus avec le temps canevassiers, puis canevassiers-toiliers, furent en 1572 réunis à la corporations des lingères, qui prirent dès lors le titre de *toilières-lingères-canevassières*.

Tisserands. Leur corporation était constituée, avait une existence légale dès le règne de Philippe-Auguste. Nous lisons, en effet, dans leurs statuts de 1281 que, « dès le tans au bon roi Phelippe, » les tisserands conservaient l'étalon des différentes mesures employées pour les toiles unies ou façonnées. Cet étalon consistait en une verge de fer, ayant la longueur du *ros* des nappes de la table royale et indiquant la largeur légale de tous les tissus de toile. La largeur était mesurée entre le *ros*, peigne dans les dents duquel passent les fils, et le *temple*, instrument qui sert à tendre l'étoffe.

Jean de Garlande consacre dans son *Dictionarius* quelques lignes aux *textrices*, et décrit assez bien le travail auquel ils se livraient [1]. Ils ne présentèrent cependant pas leurs statuts à l'homologation d'Étienne Boileau; les plus anciens que nous possédions sont datés du mois d'octobre 1281, et ils ont été publiés par M. Depping [2]. En voici l'analyse :

Le métier « de la texeranderie de linge » appartenait au roi; c'est donc à lui que l'apprenti reçu maître devait acheter le droit de s'établir [3].

Le travail à la lumière était interdit, « car l'en ne puet fere oevre à chandoile ou dit mestier si boine ne loial comme cele qui est fete de la lumière du jour [4]. »

Chaque objet, « soit napes, touailles, ou oevre plaine, » devait avoir toujours sa largeur déterminée. Celle-ci était indiquée par la verge étalon, et nul ne devait tisser une toile qui ne fût de la largeur [5] réglementaire [6].

---

[1] Édit. Scheler, p. 34.

[2] *Ordonnances du treizième siècle relatives aux métiers,* p. 387.

[3] Article 1.

[4] Article 6.

[5] « De la moison, » disent les statuts. Voy. Ducange, au mot moiso.

[6] Articles 4 et 5.

Nul ne pouvait avoir deux ateliers, à moins qu'ils ne fussent contigus[1].

Le client fournissait au tisserand, soit le fil en pelote, soit la chaîne ourdie. Le fil était pesé au moment de la livraison, et la toile devait représenter le poids du fil, déduction faite du déchet normal résultant du tissage. Si le tisserand engageait ou détournait une partie du fil à lui confié, il était banni du métier jusqu'à ce qu'il eût payé une amende de dix sous[2].

Chaque maître ne pouvait avoir qu'un seul apprenti, mais sans compter son fils ou celui de sa femme[3].

L'apprentissage durait cinq ans pour l'enfant qui apportait vingt sous, six ans pour celui qui ne donnait pas d'argent[4].

Le travail était interdit les jours de fête solennelle. Aux fêtes de second ordre, pendant lesquelles les boulangers pouvaient cuire leur pain[5] et les baigneurs chauffer leurs étuves, les tisserands avaient le droit de pré-

---

[1] « Se il ne puet aler de l'un à l'autre sans istre hors sur la voie. » Art. 8.

[2] Article 13.

[3] Articles 9 et 10.

[4] Article 9.

[5] Voy. *Comment on devenait patron,* p. 136 et suiv.

parer l'ouvrage pour le lendemain, mais sans ourdir ni tisser[1].

Un ouvrier ne devait introduire dans un atelier, pour y travailler avec lui, que sa femme légitime ; il fallait donc « qu'il se fût fait créable par bons témoins ou par créableté de sainte yglise que il ait espousé la fame. » On condamnait à l'amende tout mauvais sujet qui avait une maîtresse hors de la ville, « tout houlier qui tient sa p....n aus chans[2]. »

Il paraît que les tisserands de toile jouissaient, comme les tisserands de laine, du droit de ne pas faire en personne le service du guet. Chaque fois que revenait leur tour de service, et il revenait toutes les trois semaines, ils payaient une somme de trente sous et fournissaient soixante hommes qui veillaient à leur place. Au mois d'avril 1372, ils renoncèrent à ce coûteux privilège, et obtinrent[3] de ne plus se faire remplacer.

Quatre jurés administraient la communauté.

Il est impossible de déterminer le nombre

---

[1] Article 11.
[2] Article 15.
[3] La charte d'autorisation a été publiée par Fagniez, *Études sur l'industrie*, p. 294.

des maîtres alors établis à Paris, car les *Tailles de* 1292, *de* 1300 et *de* 1313 ne distinguent pas les tisserands de toiles des tisserands de lange ou drapiers. D'après celle de 1300, les deux métiers réunis eussent compté environ 370 maîtres, indication confirmée par l'ordonnance d'avril 1372 : « Jadis, dit-elle, ou temps que le mestier des tissarans de lange et de linge estoit si grant que il y avoit bien trois cens maistres et plus... » Cette prospérité ne s'est pas maintenue, « tant pour les mortalitez comme pour occasion de nos guerres..., » et surtout parce que la plupart des maîtres ont abandonné le domaine royal, et ont été s'établir sur les terres de Saint-Martin, de Sainte-Geneviève, de Saint-Marcel, etc., « où ceulx qui demeurent sont quittes et exems du guet, » de sorte que « il n'est pas demouré en nostre terre plus de seize mesnaiges ou environ. »

Les tisserands reçurent le 22 janvier 1586 de nouveaux statuts, qui furent confirmés par Henri IV en 1608 et par Louis XIII en mai 1640. Ils y prennent le titre de *tisserands en toile, canevas et linge.* Les maîtres qui n'avaient pas atteint l'âge de cinquante ans ne pouvaient engager à la fois plus de deux apprentis ; ceux qui avaient dépassé cet âge pouvaient en avoir trois[1]. La durée de l'apprentissage, comme celle du compagnonnage, était de quatre ans[2]. Nul n'était reçu maître avant d'avoir parfait le chef-d'œuvre. Toutefois les fils de maître étaient soumis seulement à une épreuve plus facile, nommée *expérience*[3]. Quatre jurés administraient la corporation, qui avait pour patron saint Blaise.

L'édit de 1776 rendit le métier absolument libre. Le nombre des tisserands établis à Paris était alors de 70 environ, et la communauté avait pour armoiries : *D'azur, à une navette d'argent en pal, la bobine garnie de sable*[4].

La rue de la Tixeranderie s'appelait déjà, au treizième siècle, « la viez tesserenderie[5]. » Supprimée en 1851, lors du prolongement de la rue de Rivoli, elle allait de la rue du Mouton, aujourd'hui comprise dans la place de l'Hôtel de ville, à la place Vaudoyer, qui est aujourd'hui représentée par la mairie du quatrième arrondissement.

---

[1] Article 22.

[2] Article 20.

[3] Articles 3 et 4.

[4] Biblioth. nationale, manuscrits, *Armorial général de Paris*, t. III, p. 521.

[5] Voy. la *Taille de* 1313, p. 118.

# CHAPITRE II

## LE QUINZIÈME ET LE SEIZIÈME SIÈCLE.

Le commerce des toiles. — Lieux de production. — On recherche le beau linge et l'on tient à le montrer. — Les fentes pratiquées dans le pourpoint permettent de laisser voir la chemise. — Luxe des chemises. — Les chemisettes et les camisoles. — Chemise portée à l'envers est tenue pour heureux présage. — Qu'entendait-on par chemise de Chartres ?

Origine du caleçon féminin, son utilité. — Le caleçon de Leonora Galigaï.

L'usage du mouchoir commence à se généraliser. — Extrait des *Civilités*. — Protestations que soulève l'emploi du mouchoir. — Luxe des mouchoirs. Ceux de Charlotte de Savoie. Ceux de Gabrielle d'Estrées.

Dimension des lits. — Les taies d'oreiller. — Les matelas gonflés de vent. — Les linceux ou draps. — On les parfume. — Draps de satin noir. — Origines de la bassinoire. — La bassinoire de Marie d'Anjou, de Louis XI. — Procédé de Montaigne. — Gabrielle d'Estrées possède une bassinoire en argent. — Les bourgeoises de Paris se lèvent tard. — Bénédiction du lit nuptial.

Nouveaux statuts des lingères. — Les femmes vont apprendre chez les lingères les travaux d'aiguille. — Toutes se livrent à ces travaux, même les reines. — On s'efforce de moraliser la corporation des lingères.

La période dans laquelle nous entrons est surtout caractérisée par la passion du beau linge et par le désir de l'exhiber le plus possible.

Le commerce des toiles était devenu considérable. Parmi les lieux de production, on doit citer Rouen et Louviers, la Bretagne, Laval, Châtellerault[1], le Barrois et la Champagne. On avait commencé, non sans succès, à cultiver le coton dans le midi de la France, dans le Var plus particulièrement[2]. Les futaines de Troyes étaient recherchées. Une autre manufacture de ce tissu fut montée à Lyon vers 1580; peu d'années après, elle occupait jusqu'à deux mille ouvriers, parmi lesquels figuraient un grand nombre de Milanais et de Piémontais[3].

Pour ne pas cacher des toiles si fines et froncées en si jolis plis, l'on pratiqua des fentes au pourpoint, non seulement sur le côté, mais encore aux manches. Puis, le nombre des ouvertures, des taillades croissant toujours, la chemise finit par se montrer un peu partout, à l'estomac, à la taille, aux épaules, aux cuisses même. Il est juste de dire que la Flandre

---

[1] Rabelais nous apprend que « pour la chemise de Gargantua furent levées neuf cents aunes de toille de Chasteleraud. » Livre I, chap. VIII.

[2] Voy. Musset-Pathay, *Bibliographie agronomique*, p. 32 et 93.

[3] Voy. Savary, *Dictionnaire du commerce*, édit. de 1723, t. II, p. 187, et l'*Histoire du commerce* de Laffemas.

et surtout la Hollande fournissaient des toiles
d'une finesse et d'une blancheur merveilleuses
qui, à leurs autres mérites, joignaient celui de
la cherté. Leur prix élevé ne permettait pas
au premier venu de s'en procurer, ce qui con-
tribua à assurer leur succès. Les galants désireux de briller à peu de frais économisaient
sur la finesse de la chemise, et se contentaient
de laisser voir un élégant mouchoir à la fente
de leur pourpoint :

> Devant l'estomac proprement
> Le beau fin mouchouer de lin,
> Mais la chemise est bien souvent
> Grosse comme un sac de moulin[1].

« Les hommes, écrit un des continuateurs
de Monstrelet, faisoient les manches fendre de
leurs robbes et de leurs pourpoints, pour
monstrer leurs chemises déliées, larges et
blanches[2]. » Sous Charles VIII et sous
Louis XII, les élégants laissaient surtout voir
la toile entre le haut-de-chausses et le pourpoint tenus à dessein un peu écartés l'un de
l'autre.

Les prédicateurs s'élevaient contre le luxe
de ces chemises

---

[1] G. Coquillart, *OEuvres*, édit. elzév., t. II, p. 291.
[2] *Chronique*, édit. de 1572, t. III, p. 130.

> Sentant muglias ou cyprès [1],

de ces

> Chemises fines pour soulas,
> Froncées et de très fin lin [2].

Michel Menot, narrant la vie de l'enfant prodigue qui, dans la maison de son père, était « habillé comme un belistre, » raconte que « mittit ad querendum les drappiers, les grossiers, les marchands de soye, et se fait accoûtrer de pied en cap. Quando vidit sibi pulchras caligas d'écarlate bien tirées, la belle chemise froncée sur le collet, etc. [3]. »

Olivier Maillard gourmande aussi les femmes qui exhibaient au cou, aux fentes de leur cotte et à l'extrémité de leurs manches une chemise de toile, parfois brodée d'or et de soie, formée de deux pièces réunies à droite et à gauche par une couture si subtile que le corps ne pouvait la sentir [4]. Ceci nous est encore révélé par Olivier de Lamarche, qui décrit

---

[1] Martial de Paris, *L'amant rendu cordelier*, édit. de 1731, p. 576.

[2] *Farce de folle bombance*, dans l'*Ancien théâtre françois*, t. II, p. 274.

[3] Dans Niceron, *Mémoires pour servir à l'histoire des hommes illustres*, t. XXIV, p. 400.

[4] Voy. *La passion de N. S. Jhésucrist*, édit. Crapelet, p. 71.

ainsi « la chemise d'honnesteté » destinée à
sa dame :

> De fine toille la chemise doibt estre
> Que doibt vestir si noble personnage,
> Toille de lin se doibt là entremettre.
> Les coustures, à destre et à senestre,
> Doivent estre de si subtil ouvraige
> Qu'elles ne blessent, car ce seroit dommage [1].

Nous savons aussi par Olivier que notre che-
misette portait alors le nom de gorgerette.
Elle était en batiste et bordée de dentelle :

> A ma dame faut une gorgerette.
> La toille doibt estre fine et clairette,
> Le doux filet aussi fort que la soye.

Hommes et femmes mettaient alors, sur la
chemise, une longue camisole en coton :
« J'en sçay, écrivait Henri Étienne, qui appellent chemisoles, non pas camisole, ce que nous
portons par dessus nostre chemise, et est faict
ordinairement de coton [2]. »

Notons encore, pour mémoire, qu'en ce
temps-là, mettre sa chemise à l'envers était
un bon moyen de réussir, assurait gloire et
succès au brillant militaire comme à l'humble

---

[1] *Le parement et triomphe des dames*, édit. de 1510, sans
pagination, chap. v.

[2] *Dialogues*, édit. Liseux, t. I, p. 293.

marchand : « Qui veult estre victorieux en guerre ou eureux en marchandise, si veste au matin sa chemise se devant derrière ou à l'envers, et pour vray, il le sera[1]. »

On appelait *chemises de Chartres* des chemises faites sur le modèle de celle qui est conservée dans une châsse à la cathédrale de Chartres, et qui passe pour avoir servi à la Vierge. Beaucoup de chevaliers revêtaient, avant le combat, une chemise semblable, à laquelle ils avaient fait toucher la sainte châsse. « J'ay bien ouy dire, écrit Brantôme dans son *Discours sur les duels,* qu'on n'est point repris pour porter une chemise de N.-D. de Chartres ou quelques sainctes reliques de Hiérusalem[2]. »

Ces chemises jouissaient encore d'une autre vertu. Le 23 janvier 1579, Henri III se rend à Chartres, « y prend deux chemises de Notre-Dame, une pour lui et l'autre pour la reine. Ce qu'ayant fait, il revint à Paris coucher avec elle, en espérance d'avoir un enfant[3]. » A dater du seizième siècle, dès que le chapitre de Notre-Dame de Chartres appre-

---

[1] *L'évangile des quenouilles,* édit. elzév., p. 65.
[2] Tome VI, p. 305.
[3] *Journal* de Lestoile, à la date indiquée.

nait la grossesse d'une reine de France, il lui envoyait une chemise de satin ou de'taffetas blanc qui avait touché celle de la Vierge. Cette coutume fut encore observée en 1811, quand la grossesse de Marie-Louise fut officiellement annoncée.

Le nom de chemises de Chartres se donnait aussi à des médailles qui, au milieu d'autres ornements, reproduisaient l'image de la célèbre chemise. Ces médailles, dont étaient pourvus tous les pèlerins, se portaient en manière de relique, de sauvegarde.

Au seizième siècle, la mode des jupes très amples, des vertugades et des vertugadins, ancêtres de notre crinoline[1], rendit indispensable la création d'une pièce nouvelle, complément de la toilette féminine, le caleçon, qui a été remplacé, au début du dix-neuvième siècle, par le pantalon. Béroalde de Verville constate tout crûment que les femmes ont adopté la mode « des caleçons ou brides à fesses pour se garantir[2]; » mais Henri Étienne va nous raconter, avec toute la précision désirable, les origines de ce vêtement intime :

« Les femmes ont commencé à porter une

[1] Voy. *Les magasins de nouveautés*, t. I, p. 126 et 232.
[2] *Moyen de parvenir*, chap. xLvi

façon de haut de chausses qu'on appelle des calçons [1], et ce, pource qu'elles ont l'honnesteté en grande recommandation. Car, outre que ces calçons les tiennent plus nettes, les gardant de la poudre (comme aussi ils les gardent du froid), ils empeschent qu'en tumbant de cheval ou autrement, elles ne monstrent... Ces calçons les asseurent aussi contre quelques jeunes gens dissolus; car, venans mettre la main soubs la cotte, ils ne peuvent toucher aucunement leur chair. Mais comme l'abus vient en toute chouse, encore que l'invention ne soit pas abusive, quelques-unes de celles qui au lieu de faire lesdits calçons de toile simple, les font de quelque estoffe bien riche, pourroyent sembler ne regarder pas aux chouses que nous avons dictes, mais vouloir plustost attirer les dissolus que se défendre contre leur impudence [2]. » Brantôme

---

[1] Ce mot vient de l'italien *calzoni*, qui signifie haut-dechausses. Jean Nicot, dans son *Thrésor de la langue françoise* (édit. de 1606, p. 88), écrit au mot *bragues :* « Chausses de lin et autre toile, qui ne couvrent que les cuisses. En latin *femoralia*. Qui voudroit appeler *bragues* les calçons que l'on porte communément, il parleroit mieux françois qu'en les appellant calçons, d'un mot estranger. » J'ai dit ailleurs comment les braies masculines s'étaient transformées en calçons. (*Magasins de nouveautés*, t. I, p. 62.)

[2] *Dialogues*, t. I. p. 223.

mentionne, en effet, « des callessons de toile
d'or et d'argent[1]. »

Lorsque, après l'assassinat de son mari, l'on
vint arrêter la maréchale d'Ancre, Du Hallier,
capitaine des gardes, fut chargé de saisir tous
ses bijoux. Il eut l'infamie de la fouiller, de
la fouiller jusqu'au caleçon : « Et enquise si
elle n'avoit point de bijoux sur elle, elle haussa
sa cotte, et monstra jusques près des tétins.
Elle avoit un calson de frise rouge de Florence;
on luy dit en riant qu'il falloit donc mettre les
mains au calson. Elle respondit qu'en autre
temps elle ne l'eusse pas souffert, mais lors
tout estoit permis ; et Du Hallier tasta un peu
sur le calson[2]. »

Les moralistes s'efforçaient de généraliser
l'usage du mouchoir, alors peu répandu en
dehors des hautes classes. Vers la fin du quinzième siècle, l'on mangeait encore sans four-
chette[3], aussi recommandait-on de ne pas se
moucher avec la main qui prenait la viande. On
était libre, d'ailleurs, de se moucher dans ses
doigts, pourvu que ce fût de la main gauche :

---

[1] Tome IX, p. 307.
[2] *Relation exacte de ce qui s'est passé à la mort du mares-
chal d'Ancre.* Dans la collection Michaud, t. XIX, p. 470.
[3] Voy. *Les repas*, p. 47 et suiv.

> Enfant, se ton nez est morveux,
> Ne le torche de la main nue
> De quoy ta viande est tenue,
> Le fait est vilain et honteux[1].

On constate sur ce point, quelques années plus tard, un progrès sensible. Jean Sulpice, dans une *Civilité* publiée en 1545, conseille hardiment l'emploi du mouchoir : « Si tu viens à te moucher, tu ne dois prendre tel excrément avec les doigts, mais le dois recevoir dedans un mouchoir[2]. » Érasme, dès 1530, partageait tout à fait ce sentiment, et il nous fournit quelques renseignements fort précieux[3] : « Les enfans ne doivent aucunement laisser de morve en leur nez, qui est le propre des ords et sales ; du quel vice et saleté Socrates a esté blasmé. Mais se moucher à son bonnet ou à sa manche appartient aux rustiques ; se moucher au bras ou au coulde convient aux pâtissiers ; se moucher de la main, si

---

[1] *La contenance de la table*. Biblioth. nationale, manuscrits, fonds français, n° 1181.

[2] *Libellus de moribus in mensa servandis, Joanne Sulpitio, Verulano, authore. Cum familiarissima et rudi juventuti aptissima elucidatione gallicolatina.* Édit. de 1577.

[3] *La civilité morale des enfans, composée en latin par Érasme, traduicte en françois par Claude Hardy, Parisien, eagé de neuf ans.* Edit. de 1613.

d'aventure au mesme instant tu la portes à ta robbe, n'est chose beaucoup plus civile. Mais recevoir les excrémens du nez avec un mouchoir, en se retournant un petit peu des gens d'honneur, est chose honneste. Et si d'aventure quelque chose tomboit à terre en se mouchant de deux doigts, il faut incontinent marcher dessus [1]. »

Pourtant, ce n'était pas là une doctrine universellement acceptée. Même dans la société polie, il y avait encore des protestations, et Montaigne nous a transmis celles d'un gentilhomme dont il n'était pas éloigné d'adopter les principes. Voyez : « Un gentil-homme françois se mouchoit tousjours de sa main (chose très ennemie de nostre usage), défendant là-dessus son faict, et estoit fameux en bonnes rencontres. Il me demanda quel privilège avoit ce sale excrément que nous allassions luy apprestant un beau linge délicat à le recevoir, et puis qui plus est, à l'empaqueter et serrer soigneusement sur nous : que cela devoit faire plus de mal au cœur que de le voir verser où que ce fust, comme nous faisons toutes nos autres ordures. Je trouvay

___

[1] Il y a dans le texte latin : « Si quid in solum dejectum est, emuncto digitis naso, mox pede proterendum est. »

qu'il ne parloit pas du tout sans raison[1]. »

Les nobles dames ne partageaient sans doute
pas ce sentiment, car Charlotte de Savoie,
veuve de Louis XI, laissa en mourant « troys
mouchouers brodez d'or et de soye[2], » ce qui
ne prouve pas qu'elle n'en eut d'autres plus
simples. Lors de son mariage avec Charles VIII
(octobre 1492), Anne de Bretagne qui, comme
nous l'avons vu, possédait des draps par cen-
taines, se fit faire douze chemises et quatre
douzaines de mouchoirs[3]. On se souvient que
Panurge trouva un jour le moyen de dérober
« ùng mouchenez beau et bien ouvré à la belle
lingière du Palais[4]. » Un des amoureux dont
Martial de Paris s'est fait le galant législateur,
eut l'heureuse idée d'offrir à sa bien-aimée,
« aux estraines, un des plus riches mouchoirs
qu'il estoit possible de faire, où son nom estoit
escript en lettres entrelacées le plus gentement
du monde, car il estoit attaché à un beau cueur
d'or et franges de menues pensées[5]. » Le chro-

---

[1] *Essais*, liv. I, chap. xxii.

[2] *Bibliothèque de l'école des chartes*, t. XXVI (1865),
p. 354.

[3] *Extrait des comptes de l'argenterie de la reine*. Dans
Le Roux de Lincy, *Vie de la reine Anne de Bretagne*, t. IV,
p. 87.

[4] *Pantagruel*, livre II, chap. xvi.

[5] *Arrêts d'amour*, édit. de 1731, 27ᵉ arrêt, t. I, p. 279.

niqueur Lestoile écrit dans son *Journal* à la date du 12 novembre 1594 : « On me fit voir un mouchoir qu'un brodeur de Paris venoit d'achever pour madame de Liancour [1], et en avoit arresté le prix avec lui à dix-neuf cens escus, qu'elle lui devoit payer comptant. » Est-ce Henri IV qui en fit les frais ? Gabrielle avait beaucoup d'amis et acceptait de toutes mains. Ce qu'il y a de sûr c'est que, neuf mois auparavant, le roi ne comptait dans sa garde-robe que douze chemises plus ou moins déchirées et cinq mouchoirs [2].

La dimension des lits n'avait guère varié. En 1514, la chambre des filles d'honneur de la reine était encore meublée de lits ayant six pieds de large [3]. On peut donc admettre qu'elles y couchaient au moins deux ensemble. Les taies d'oreiller continuaient à être l'objet d'un grand luxe. Marguerite d'Autriche, la princesse qu'avait dû épouser Charles VIII, en possédait huit « ouvrées d'or et de soie [4]. »

On voit apparaître au quinzième siècle les matelas gonflés de vent, comme le prouve

---

[1] Gabrielle d'Estrées.

[2] Voy. *Les magasins de nouveautés*, t. I, p. 186.

[3] Voy. p. 27.

[4] *Correspondance de l'empereur Maximilien et de Marguerite d'Autriche*, t. II, p. 488.

cette mention : « A Guillaume Dujardin, ta-
pissier du Roy, pour avoir fait mener le lit
de vent dudit seigneur, pour illec le faire habiller et y faire un soufflet neuf [1]... » Le matelas était formé d'une sorte de toile cirée que
l'on gonflait par un de ses angles au moyen
d'un soufflet.

Jusqu'au début du dix-septième siècle, les
draps de lit conservèrent le nom de *linceux* et
de *linceuls* [2]. La Fontaine même l'a employé [3].
Les libertins avaient eu déjà l'idée de garnir
leur lit avec des draps de taffetas noir [4].

Blancs ou noirs, l'usage était de les parfu-
mer :

> Lict dont les draps (comme on demande)
> Sentent la rose et la lavende,

dit Corrozet dans ses *Blasons domestiques* [5].

A partir du quatorzième siècle, l'on commença à les bassiner. Le procédé qu'employait
Charles le Mauvais est assez étrange. Une

---

[1] Voy. A. Jal, *Dictionnaire critique*, p. 791.
[2] Voy. entre autres : Rabelais, *Pantagruel*, liv. V,
chap. xv. — Béroalde de Verville, *Le moyen de parvenir*,
chap. vii. — Brantôme, *OEuvres*, t. IX, p. 254. — Math.
Régnier, *Satire* XI.
[3] *L'ermite*, conte XV.
[4] Brantôme, t. IX, p. 254.
[5] Édit. de 1865, p. 17.

fois le prince couché, un valet introduisait dans le lit une sorte de longue trompette, au moyen de laquelle il faisait pénétrer entre les draps de l'air chaud. Au reste, voici le texte même de Froissart, chroniqueur contemporain : « S'en retourna en sa chambre tout frileus, et dist à ung de ses varlets de chambre : « Appareilliés-moy ung lit, car je me vueil ung petit couchier et reposer. » Il fut fait. Il se despouilla et se mist en ce lit. Et quant il fut couchié, il commença à trembler, et ne se povoit reschauffer, car jà avoit-il grand eage, environ soixante ans[1], et avoit-on d'usage que pour luy reschauffer et faire suer, on boutoit une buisine d'airain en son lit, et luy souffloit-on air boulant[2]. »

Plus d'un demi-siècle après, apparaît la bassinoire classique. En 1454, Jaquin Lelong, maignan[3] suivant la Cour[4], fournit pour le service de Marie d'Anjou, femme de Char-

[1] Cinquante-cinq ans seulement, car il était né en 1332, et ceci se passait en 1387, année de sa mort.

[2] Édit. Kervyn de Lettenhove, t. XIII, p. 43.

[3] Chaudronnier.

[4] Sur les artisans suivant la Cour, Voy. Comment on devenait patron, p. 244 et suiv. — Faisons remarquer que l'existence de ces privilégiés est ici présentée comme antérieure à l'année 1485, date ordinairement fixée pour leur origine.

les VII, « une bacinouere d'arin [1] à baciner litz [2]. » En 1481, maître Pierre Symart, secrétaire de Louis XI, fait acheter « une bassinoelle, pour bassiner le lit dudit seigneur [3]. »

Montaigne déclare que jamais l'on ne bassinait son lit. Dans une phrase peu claire, il semble indiquer que parfois il se couvrait les pieds et l'estomac d'un drap préalablement chauffé [4]. Gabrielle d'Estrées était plus frileuse, car dans son inventaire figure une bassinoire en argent [5].

> Beau lit paré, la chambre belle,
> Les draps bacinez à souhait [6],

tout cela invitait au sommeil et à la paresse. Aussi Michel Menot, le facétieux sermonnaire, gourmandait-il souvent les bourgeoises de son temps qui, au lieu d'aller l'en-

---

[1] D'airain.

[2] *Compte d'argenterie de la reine*, dans V. Gay, t. I, p. 125.

[3] Douët-d'Arcq, *Comptes de l'hôtel*, p. 387.

[4] « On ne bassine jamais mon lict; mais depuis la vieillesse, on me donne, quand j'en ay besoing, des draps à eschauffer les pieds et l'estomac. » *Essais*, liv. III, chap. XIII.

[5] De Laborde, *Glossaire des émaux*, p. 170.

[6] G. Coquillart, *OEuvres*, édit. elzév., t. II, p. 271.

tendre, faisaient la grasse matinée : « Il est huit
heures, s'écriait-il, et madame est encore au
lit. Elle entend les cloches qui l'appellent au
sermon, et elle ne bouge pas. A la sortie de
l'église, un voisin entre chez elle. «Comment,
lui dit-il, encore au lit à pareille heure! Êtes-
vous donc indisposée? » Elle ouvre les yeux,
voit qu'il fait grand jour : « Est-il bien possible qu'il soit si tard? — Certes, puisque le
sermon et la messe sont terminés. » On ouvre
les fenêtres, le soleil dore l'oreiller de ses
rayons... [1] »

Les nouveaux époux devaient demander à
leur curé de bénir le lit nuptial. Une gravure
du *roman de Mélusine* est intitulée : *Comment
l'évesque beneist le lict où Raimondin et Mélusine estoient couchiés.* Le prêtre aspergeait
d'eau bénite le lit et aussi les deux époux
étendus l'un près de l'autre. Il les engageait à

---

[1] « Nunc est hora octava, et domina burgensis est in
lecto suo quæ audit sermonem pulsari. Sufficit. Aliquis
vicinus ejus, finito sermone, veniet ad eam, et intrabit
cameram, et dicet : «Quomodo, domina! Estis vos male
disposita? Quare adhuc estis in lecto cum hora sit tam
tarda? » Aperit oculos, videt omnes surrexisse, dicetque :
« Quomodo est possibile quod hora sit tam tarda!. » At
ille : « Jam audivimus sermonem et missam. » Aperiuntur
fenestræ et incipit sol radiare super pulvinar lecti sui. »
*Sermones,* n° 26.

persévérer dans la foi chrétienne et, suivant
l'expression de l'Écriture, à multiplier [1].

Je ne connais pas de statuts des lingères
antérieurs à 1485. Ceux que Charles VIII leur
accorda, au mois d'août de cette année [2], ne
font point mention de statuts précédents; ils
rappellent seulement que « passez sont deux
cens ans, furent octroyées aux povres femmes
et filles lingères de Paris, prédécesseurs desdits supplians, les places aux halles du cousté
du mur du cymetière Saint-Innocent, pour
elles entretenir honnestement [3]. » La préoccupation du roi semble avoir été surtout de moraliser la communauté. Il nous révèle un fait
curieux, c'est que des Parisiens appartenant

---

[1] Voici quel était le cérémonial de cette bénédiction,
d'après un formulaire du seizième siècle :

« BENEDICTIO THALAMI.

Sponso et sponsa super lectum sedentibus, aspergat eos
sacerdos aqua benedicta et similiter lectum. Dicendo :

« Benedic, Domine, thalamum hunc nuptialem, una
cum his conjugibus, ut in tua pace consistant, tua voluntate
permaneant, tuo amore vivant et senescant, et multiplicen-
tur in longitudinem dierum.

« Per Christum, Dominum nostrum. Amen. »

(*Manuale sacerdotum, ad usum Ecclesie Parisiensis*,
1574, in-4°, f°ˢ xxix verso et xxx recto. — L'édition de
1552, f° xxviii, donne un texte différent.)

[2] Dans les *Ordonn. royales*, t. XIX, p. 576.

[3] Préambule.

à la riche bourgeoisie et même à la noblesse
de robe plaçaient leurs filles chez des lingères,
pour leur « apprendre honneste maintien » et
les former aux travaux d'aiguille. Les plus
grandes dames ne dédaignaient pas de s'y
livrer. J'en ai trouvé une preuve intéressante
dans la correspondance de l'empereur Maximilien. Le 17 mai 1511, il écrivait à sa fille
Marguerite, l'habile négociatrice qui fut gou-
vernante des Pays-Bas et qui éleva Charles-
Quint : « J'ay resceu par le peurteor de ceste
les belles chemises, lesquelles avés aydé de les
faire de vostre main, dont sumus fort
jeouieulx [1]... » Voici maintenant le texte du
passage dont je parlais tout à l'heure ; il mérite d'être reproduit textuellement : « Lequel
mestier est notable, et auquel pour apprendre
honneste maintien, euvre de cousture, estat de
marchandise, et éviter oysiveté, les gens
nobles de justice, bourgois, marchans et autres
notables personnes de nostre ville de Paris
mectent leurs filles. » On comprend dès lors
qu'il y avait grand intérêt à n'admettre dans
la corporation que des personnes honorables.
L'article 1er des statuts veut donc qu'on n'y

---

[1] *Correspondance de Maximilien et de Marguerite,* t. II,
p. 380.

reçoive « d'ores en avant aucunes femmes ou filles blasmées ou scandalisées de leur corps, afin que par elles les bonnes femmes et filles et l'estat dudit mestier ne soit vitupéré ou scandalisé. » Si des femmes connues par leur inconduite osaient s'installer à la halle aux toiles, les autres maîtresses devaient requérir les officiers du Châtelet pour les expulser[1]. Elles conservaient pourtant le droit de faire le commerce chez elles, sans se mêler à la communauté[2].

Une réglementation aussi arbitraire dut engendrer de nombreux abus. Elle tomba sans doute promptement en désuétude, et aucune condition de moralité n'est plus exigée des lingères dans les nouveaux statuts qui leur furent octroyés le 1er septembre 1595[3]. Je ne sais ce qu'étaient alors les maîtresses, mais

---

[1] Articles 2, 3 et 4.

[2] Article 5.

[3] *Ce sont les statuts, ordonnances et articles que les maistresses jurées toillières et lingères de la marchandise de toillerie et lingerie de la ville de Paris requièrent estre confirmez et approuvez par le Roy, entretenus, gardez et observez par les maistresses dudit mestier, aprentisses, marchands et marchandes faisans trafic desdites marchandises, avec défences à toutes personnes d'y contrevenir sur les peines et amendes y contenuës.* Biblioth. nationale, mss. français, n° 21, 796, p. 4.

les ouvrières ne passaient pas pour cultiver
bien assidûment la vertu; c'est au moins
ce qui ressort d'une phrase de Rabelais[1],
phrase trop brutale pour que j'ose la re-
produire. On ne recevait cependant comme
apprenties ni les femmes mariées, ni même
les veuves. L'apprentissage durait deux
années, après lesquelles l'aspirante maitresse
devait encore servir deux ans avec le titre de
« fille de boutique ou servante à gaige[2]. »
Chaque maitresse ne pouvait avoir en même
temps deux apprenties[3]. La corporation était
administrée par « deux preudes femmes jurées[4]. » Les autres articles règlent les conditions de la vente à la halle, les obligations
imposées aux forains, etc.

---

[1] *Gargantua,* liv. I, chap. VIII.
[2] Articles 1 et 9.
[3] Article 10.
[4] Article 21.

# CHAPITRE III

## LES DIX-SEPTIÈME ET DIX-HUITIÈME SIÈCLES

## I

### LA LINGERIE

La France tient le premier rang pour la fabrication des toiles communes. — La batiste de Cambrai. — La *grande tissanderie* fondée à Rouen pour la fabrication des toiles fines. — Autres manufactures créées à Nantes. — Les étoffes de coton. — Les draps. — Les grandes dames filent le lin destiné à leur linge. — Les draps d'Anne d'Autriche. — Renouvellement du linge de la reine. — Il est fait par les soins de la première dame d'honneur, et le linge remplacé lui appartient. — Les draps de Marie Leszcinska.
La chambre à coucher résume la vie privée. — Description du lit. — Les femmes y passent leur journée, et c'est là qu'elles reçoivent. — Le lit sert de siège pour les visiteurs. — Visites reçues par les mariées le lendemain de leurs noces et après leur accouchement. — Cérémonies du mariage et bénédiction du lit. — Les ruelles. Distinction entre la grande et la petite ruelle. — La chambre à coucher de Louis XIV. Le lit, la balustrade, le couvre-pieds, les portraits. — Le lit de veille. — Les veilleuses, le mortier. — Le roi chez la reine. — Le bassinage des lits. — Bassinoire d'argent de Louis XIV. — Le moine. — La bassinoire à eau chaude. — Habitude de partager son lit avec des amis.
*Les lois de la galanterie.* Le choix du linge. — Les canons, les jabots. — Le rabat, les manchettes. — La cravate. — Les steinkerques et les crémones. — Le cravatier du roi.

— Les nœuds de cravate. — Luxe des mouchoirs. — Les
mouchoirs de Louis XIV. — Règles de la civilité relatives
à la manière de se moucher.

Au début du dix-septième siècle, la France
tenait le premier rang dans la fabrication des
toiles communes. Rouen et Louviers, la Bretagne, Laval, Châtellerault, la Champagne
étaient des centres importants de production
et d'exportation. Pour les toiles fines, nous
étions tributaires de la Hollande. Cambrai se
distinguait par la qualité vraiment merveilleuse de ses batistes. Elles étaient recherchées
à ce point, dit un contemporain, que quand
« les Lapponiens, les plus sauvages de toutes
les nations septentrionales, peuvent en attra-
per quelque petite pièce, ils en parent leurs
dieux et leurs idoles, jugeans les hommes
indignes d'envelopper et d'orner la saleté de
leur corps de la blancheur et de la beauté
d'un si digne et si subtil travail. » Les Cam-
braisiens sont souvent qualifiés de *hargneux*,
gardez-vous bien de croire « avec le vulgaire,
que c'est à cause de leur humeur chagrine et
importune ; c'est à cause de la subtilité de
leur travail, qui ressemble en tous ses points
à celuy de l'araignée[1]. »

[1] J. Lecarpentier, *Histoire de Cambray*, p. 292.

En 1604, le roi d'Espagne interdit l'entrée des toiles de Hollande dans ses États. C'eût été pour notre pays l'occasion d'acquérir ce marché, si nos toiles avaient pu lutter avec celles des Provinces-Unies. Deux négociants de Rouen, Jean Wolf et Antoine Lambert, tentèrent d'engager la lutte. Ils offrirent au roi d'établir dans le faubourg Saint-Sever une manufacture de toiles fines imitant celles qui se confectionnaient, en Flandre et en Hollande. Henri IV ne ménagea à ces vaillants industriels ni son appui, ni ses capitaux, et au mois de janvier 1606 la *grande tissanderie* était constituée. Elle possédait cent cinquante métiers, et elle en eut deux cents l'année suivante. La fabrication, toute nouvelle en France, comprenait le linge de corps, de table « et autres ouvrages ouvrés, damassés, figurés, rayés d'or, d'argent ou de soie, de toute couleur et façon. » Le succès de cette tentative encouragea le roi, qui bientôt subventionna deux autres manufactures de toiles fines, toutes deux établies à Mantes, et dont la prospérité ne survécut pas à la mort de Henri IV[1].

Jusqu'au dix-huitième siècle, la France pro-

[1] Voy. G. Fagniez, *L'industrie en France sous Henri IV*, p. 50.

duisit peu d'étoffes de coton[1]. _L'Inventaire
du mobilier de la Couronne_, dressé en 1681,
enregistre déjà quelques draps de coton, mais
la toile de lin fut toujours préférée par les
Parisiennes. Dans les familles les plus opulentes, à la Cour même, les dames prenaient
« plaisir à filer la toile qu'elles despensent à
la maison, la croyant de meilleur usage que
celle qu'on trouve chez le marchand[2]. » Cette
simplicité n'était plus de mise au siècle suivant. On voyait alors les femmes tirer « de
leurs sacs à ouvrage une jolie navette d'or,
d'écaille ou d'ivoire, et faire des nœuds connus sous le nom de frivolité[3]. » Cependant,
une des filles du Régent, Louise-Adélaïde,
abbesse de Chelles, « pratiquoit dans son
abbaye toutes sortes de métiers qu'elle se faisoit apprendre par de petites ouvrières qu'elle
faisoit venir de Paris. Elle savoit faire toutes
sortes de modes, de coiffures, etc.[4] »

La plus fine batiste paraissait dure encore à

---

[1] Savary, _Dictionnaire du commerce_, édit. de 1723, t. II,
p. 1749.

[2] R. Le Pays, _Amitiez, amours et amourettes_, édit. de
1685, p. 228. — Voy. aussi le _Recueil de pièces galantes_
de Mme de la Suze, édit. de 1741, t. I, p. 43.

[3] Mme de Genlis, _Étiquettes de la Cour_, t. II, p. 3.

[4] Soulavie, _Mémoires du duc de Richelieu_, t. II, p. 237.

la peau délicate d'Anne d'Autriche, et avant qu'elle consentît à s'en servir, il fallait l'adoucir plusieurs fois par des mouillages. Le cardinal Mazarin lui dit un jour en plaisantant « que si elle alloit en enfer, elle n'auroit point d'autre supplice que celui de coucher dans des draps de Hollande [1]. »

Beaucoup de grandes maisons ne voulaient pas s'embarrasser du linge de table et passaient des marchés pour sa location. Le 12 décembre 1697, la duchesse de Bourgogne traita avec un sieur Antoine Cozette qui, moyennant dix-sept livres par jour, s'engageait à lui fournir :

POUR LA TABLE DU PREMIER MAITRE D'HOTEL :

Quatre nappes, dont deux ouvrées très fines.
Six grosses nappes ouvrées.
Cinq douzaines de serviettes.

POUR LA TABLE DES MAITRES D'HOTEL :

Cinq nappes.
Deux douzaines et demie de serviettes.

POUR LA TABLE DES GENTILSHOMMES SERVANTS :

Trois nappes.
Vingt-quatre serviettes.

---

[1] Motteville, *Mémoires*, édit. Michaud, p. 551.

### POUR LA TABLE DES PAGES :

Trois nappes.
Trois douzaines de serviettes.

### POUR LA TABLE DES VALETS DE CHAMBRE :

Trois nappes.
Dix-huit serviettes.

### POUR LA TABLE DE LA DUCHESSE :

Deux nappes ouvrées.
Douze grosses nappes.
Quarante serviettes.

### POUR LE PETIT COMMUN :

Trois grandes nappes ouvrées.
Quatre grosses nappes.
Deux douzaines de serviettes ouvrées.
Deux douzaines de grosses serviettes.

### POUR LE GRAND COMMUN :

Neuf nappes.
Dix-huit serviettes.

### POUR LA FRUITERIE :

Deux nappes.
Douze serviettes.

### POUR LA PANETERIE :

Une nappe.
Sept serviettes.

### POUR L'ÉCHANSONNERIE :

Une nappe.
Huit serviettes.

POUR LA FOURRIÈRE [1] :

Une nappe.
Huit serviettes.

Le sieur Cozette était tenu de servir en personne à la suite de la princesse. Il recevait deux pains et une quarte de vin commun, avec une pièce de mouton les jours gras, et une carpe les jours maigres.

Le linge devait être livré aux lavandières de la, duchesse deux fois par semaine, et les lavandières le rendaient blanc, net et bien plié dans des coffres.

Si le sieur Cozette fournissait du linge par extraordinaire pour festins, il ne devait rien lui être payé de surplus.

Si le linge était brûlé ou volé, la princesse devait indemniser son fournisseur [2].

Le renouvellement complet du linge de corps destiné à la reine de France avait lieu tous les trois ans, et par les soins de la dame d'honneur. En janvier 1738, Mme de Luynes, alors pourvue de cette charge, dépensa trente mille livres pour renouveler le linge de Marie

---

[1] Sur l'office dit *fourrière*, voy. *La cuisine*, p. 192.
[2] *Bulletin de la Société de l'histoire de Paris*, année 1892, p. 48.

Leszcinska[1]. L'année suivante, quand Louis XV maria sa fille aînée avec l'infant fils de Philippe V, la fourniture du linge formant le trousseau de la jeune mariée coûta cent mille écus[2]. En 1741, l'on renouvela le linge donné à Marie Leszcinska en 1738. On comprend qu'il n'était guère usé, et il revenait tout entier à la dame d'honneur. Le renouvellement de 1750 fut fourni par Mme Bauvin, lingère à Paris[3]. En 1758, l'on décida de ne plus renouveler que tous les cinq ans. Nécker retarda encore de deux ans l'opération[4].

A la mort de la souveraine ou de la Dauphine, la dame d'honneur héritait de la garde-robe complète et même du mobilier. Ainsi, Marie-Thérèse, femme du Dauphin fils de Louis XV, étant morte en 1746, Mme de Lauraguais, sa dame d'honneur, reçut un trousseau estimé cent quarante mille livres, savoir :

Linge et dentelles.............. 102,000 liv.
Étoffes....................... 30,000 liv.
Costume de deuil, non encore porté par la princesse........... 8,000 liv[5].

---

[1] Duc de Luynes, *Mémoires*, 20 janvier 1738, t. II, p. 17.
[2] Duc de Luynes, *Mémoires*, t. III, p. 4.
[3] Duc de Luynes, *Mémoires*, t. XII, p 379.
[4] Mme Campan, *Mémoires*, t. I, p. 287.
[5] Duc de Luynes, *Mémoires*, 3 avril 1747, t. VIII, p. 174.

Quand décéda Marie Leszcinska (juin 1758), la comtesse de Noailles, qui avait succédé à Mme de Luynes, eut tout son mobilier, à l'exception pourtant de deux grands lustres de cristal, que Louis XV voulut conserver, et qu'il fit déposer au garde-meuble [1].

Lorsqu'un fils de France se mariait avec une princesse étrangère, un envoyé spécial venait la recevoir à la frontière, et il lui remettait le trousseau fourni par la Cour de France. On la déshabillait complètement, l'on changeait jusqu'à sa chemise, car tout ce qu'elle portait sur elle à dater de ce moment devait provenir de France. Mais la jeune princesse était arrivée avec un magnifique trousseau, qu'on lui enlevait, et que se partageaient la dame d'honneur et la dame d'atour [2].

En ce temps, où le salon n'existait pas encore, la chambre à coucher résumait la vie privée d'une femme. Non seulement elle y couchait, mais elle y passait volontiers sa journée entière. Au centre de ce sanctuaire se dresse le lit, vaste monument aussi large que long, élevé sur une estrade, surmonté d'un dais, enveloppé de rideaux, souvent séparé du

[1] Mme Campan, t. I, p. 288.
[2] Mme Campan, t. I, p. 288.

reste de la pièce par la balustrade, légère pro-
tection, dont l'étiquette fait une ligne forti-
fiée. Sur ce trône, garni de moelleux oreillers,
la dame est étendue ou assise, et c'est là
qu'elle reçoit les visites de ses amis, les hom-
mages de ses adorateurs. C'est là qu'elle at-
tend, en grande cérémonie, les compliments
de ses connaissances dans toutes les circon-
stances graves de sa vie, quand elle se marie,
quand elle accouche, quand elle devient
veuve, etc. C'est là aussi qu'elle juge les
vers nouveaux que viennent lui soumettre un
poète à la mode ou un petit abbé mondain.

L'abbé d'Aubignac était de ceux-ci. Dans sa
*Relation du royaume de coquetterie*, publiée en
1654 et où figure une description de la place
Royale, il a fort galamment traité le sujet qui
nous occupe. « Le plus beau quartier de la
ville, écrit-il, est la grande place qu'on peut
dire vrayement royale, et pour son excellence,
et parce que le Roy s'est voulu loger au milieu [1].
Elle est environnée d'une infinité de réduits
où se tiennent les plus notables assemblées de
coquetterie. Au milieu d'un grand nombre de

---

[1] Une statue en bronze de Louis XIII y avait été élevée
en 1639. Détruite en 1792, elle fut remplacée en 1829 par
la statue de marbre actuelle.

portiques, vestibules, galeries, cellules et ca-
binets richement ornez, on trouve toûjours
un lieu respecté comme un sanctuaire, où sur
un autel fait à la façon de ces licts sacrez des
dieux du paganisme, on trouve une dame exposée aux yeux du public, quelquefois belle
et toûjours parée, quelquefois noble et toûjours vaine, quelquefois sage et toûjours suffisante ; et là viennent à ses pieds les plus illustres de cette Cour pour brûler leur encens,
offrir leurs vœux [1]... »

Deux jeunes Hollandais qui visitèrent Paris,
en 1657 écrivaient dans leur *Journal* à la date
du 25 octobre : .« Nous fusmes voir madame
l'Advocat, qui est la femme d'un maistre aux
comptes. Nous la treuvasmes sur son lict, où
elle s'estoit mise pour recevoir ses visites avec
moins de contrainte [2]. » La marquise de Sablé,
dit Tallemant des Réaux, « est toujours sur
son lit, faite comme quatre œufs [3], et le lit est
propre comme la dame [4]. » En ceci, la marquise suivait l'usage, mais la malpropreté était
une exception.

---

[1] *Histoire du temps ou relation du royaume de coquette-*
*rie,* p. 45.
[2] A.-P. Faugère, *Journal de deux Hollandais,* p. 303.
[3] Comme des œufs brouillés ?
[4] *Historiettes,* t. III, p. 135.

Le 2 octobre 1686, quand les ambassadeurs de Siam eurent vu le roi, ils allèrent rendre visite aux principaux personnages de la Cour. Dangeau écrivait le jour même : « Les ambassadeurs ont eu audience de Mme la Dauphine qui les a reçus dans son lit. Ils ont aussi eu audience de toutes les princesses du sang, qui les reçurent sur leur lit[1]. » En été, l'on s'y étendait parfois dans un déshabillé qui pouvait présenter des dangers. Une anecdóte de Tallemant et des vers de Gombault l'ont bien prouvé. Le poète était accueilli fort privément par la reine Marie de Médicis, qui lui laissait libre accès auprès d'elle. Étant un jour entré dans sa chambre, il la trouva couchée sur son lit, « les jupes relevées[2]... » Sept vers d'un sonnet nous diront le reste :

Que vistes-vous, mes yeux, d'un regard téméraire?
Et de quoy, ma pensée, oses-tu discourir?
Quels divers sentimens me font vivre et mourir,
Me forcent de parler autant que de me taire?

. . . . . . . . . . . . . . . . . . . . . . . . . . .

Souvent je doute encore, et de sens dépourveû,
Dans la difficulté de me croire moy-mesme,
Je pense avoir songé ce que mes yeux ont veû[3].

[1] *Journal,* t. I, p. 396.
[2] Tome III, p. 239.
[3] Gombault, *Poésies,* p. 68.

Le lit servait même de siège pour les visiteurs intimes et pour ceux que l'on voulait honorer : ils s'y asseyaient ou s'y étendaient, suivant leur fantaisie. Roquelaure étant en visite chez un intendant, homme du meilleur monde, s'approcha du lit « où plusieurs personnes étoient couchées, et se mit à badiner avec une femme qui luy sembla d'assez bonne composition[1]. » Le duc de Lauzun devint amoureux de mademoiselle de Quintin, parce qu'il « l'avoit vue sur le lit de sa sœur, avec plusieurs autres filles à marier[2]. » Mademoiselle Dervois étant allée voir le maréchal de Brézé, celui-ci « luy fit le meilleur accueil, et la fit mettre sur son lict, parce que madame la Princesse, la jeune, tenoit le fauteuil[3]. » L'influence de l'hôtel de Rambouillet modifia cette inconvenante coutume, et un manuel du savoir-vivre, publié vers 1675, en avertissait les gens de bon ton : « Il faut observer que c'est une très grande indécence de s'asseoir sur le lit, et particulièrement si c'est d'une femme. Et même il est en tout temps très-malséant et d'une familiarité de gens de peu,

---

[1] Tallemant, t. V, p. 355.
[2] Saint-Simon, t. I, p. 244.
[3] Tallemant, t. II, p. 204.

lorsque l'on est en compagnie de personnes
sur qui l'on n'a point de supériorité ou avec
qui on n'est pas tout à fait familier, de se
jeter sur un lit, et de faire ainsi conversation [1]. »

Une habitude plus déplaisante encore sub-
sista. C'est couchée sur son lit que, dès le lendemain de ses noces, la nouvelle mariée était
tenue de se montrer à toutes ses connaissances, de supporter, trois jours durant, leurs
compliments, d'assez mauvais goût parfois.
Écoutez Labruyère : « Le bel et judicieux
usage que celui qui, préférant une sorte d'ef-
fronterie aux bienséances et à la pudeur, expose une femme d'une seule nuit sur un lit
comme sur un théâtre, pour y faire pendant
quelques jours un ridicule personnage, et la
livre en cet état à la curiosité des gens de l'un
et de l'autre sexe qui, connus ou inconnus,
accourent de toute une ville à ce spectacle
pendant qu'il dure. Que manque-t-il à une
telle coutume, pour être entièrement bizarre
et incompréhensible, que d'être lue dans
quelque relation de la Mingrélie. » Les *clefs*

---

[1] Ant. de Courtin, *Traité de la civilité qui se pratique
en France parmi les honnestes gens.* Sur cet ouvrage, voy.
*Les soins de toilette, le savoir-vivre.*

ajoutent : « C'est un usage à Paris que les
nouvelles mariées reçoivent, les trois premiers jours, leurs visites sur un lit où elles
sont magnifiquement parées, en compagnie de
quelques demoiselles de leurs amies; et tout
le monde les va voir, et examine leur fermeté
et leur contenance sur une infinité de questions et de quolibets qu'on leur dit dans cette
occasion [1]. »

Les plus grandes dames ne pouvaient se
dérober à ce supplice. Le lendemain de son
mariage avec le duc de Lauzun, mademoiselle de Quintin « vit tout le monde sur son
lit. Lauzun fit trophée de ses prouesses [2]. »
Le duc de Saint-Simon racontant son mariage
avec la fille aînée du maréchal de Lorges en
1695, écrit : « Nous couchâmes dans le grand
appartement de l'hôtel de Lorges. Le lendemain, la mariée reçut sur son lit toute la
France à l'hôtel de Lorges où les devoirs de la
vie civile et la curiosité attirèrent la foule [3]. »
Le jour suivant, elle reçut, toujours sur son
lit, toute la Cour dans l'appartement de la duchesse d'Arpajon, jugé plus commode parce

---

[1] *Caractères,* édit. Servois, t. I, p. 293.
[2] Saint-Simon, t. I, p. 242.
[3] Saint-Simon, t. I, p. 241.

qu'il était de plain-pied. En effet, l'on empruntait assez souvent pour cette cérémonie la maison d'une amie. Lors du mariage du maréchal de Tallart avec une fille du prince de Rohan, celle-ci reçut « les visites de toute la Cour sur le lit de la duchesse de Ventadour[1]. » En 1698, le comte d'Ayen épousa mademoiselle d'Aubigné, nièce de madame de Maintenon. « Après souper, on coucha les mariés. Le Roi donna la chemise au comte d'Ayen et madame la duchesse de Bourgogne à la mariée. Le roi les vit au lit avec toute la noce; il tira lui-même leur rideau, il leur dit pour bonsoir qu'il leur donnoit à chacun huit mille livres de pension... » Le lendemain, « madame de Maintenon sur son lit et la comtesse d'Ayen sur un autre, dans une pièce joignante, reçurent toute la Cour[2]. »

Comme on le voit, les cérémonies qui précédaient le mariage n'étaient guère moins choquantes que celles qui le suivaient. Le jour où Louis XIV unit sa fille naturelle mademoiselle de Blois[3] avec le prince de Conti, « le Roy donna la chemise au prince et la

---

[1] Saint-Simon, t. IX, p. 451 et 467.
[2] Saint-Simon, t. II, p. 39.
[3] Fille de la duchesse de La Vallière.

6

Bénédiction du *LIT NUPTIAL*.
D'après Bernard Picard (xviii<sup>e</sup> siècle).

Reine la donna à la princesse, puis le cardinal de Bouillon fit la bénédiction du lit[1]. »
Louis XIV « embrassa tendrement sa fille
quand·elle fut au lit, la pria de ne rien con-
tester à M. le prince de Conti et d'être douce
et obéissante[2]. » Toutefois, la bénédiction du
cardinal ne protégea pas la pauvre enfant,
qu'une indisposition légère, mais bien malen-
contreuse, tint sur pied une partie de la nuit[3].
Lors du mariage conclu entre la princesse de
Savoie et·le duc de Bourgogne, alors âgé de
quinze ans à peine, « le grand maistre et le
maistre des cérémonies allèrent, après le
soupé, quérir M. le cardinal de Coislin, qui
fit la bénédiction du lit. Monseigneur le duc
de Bourgogne·vint se déshabiller·dans le ca-
binet·où l'on avoit mis sa toilette, et l'on des-
habilla dans le mesme temps madame la duchesse de Bourgogne. Le roy d'Angleterre[4]
vint donner la chemise à monseigneur le duc
de Bourgogne, et la reine la donna·à madame
la duchesse de Bourgogne. Si tost que madame

---

[1] *Gazette de France*, année 1680, n° 6, p. 35.
[2] Mme de Sévigné, *Lettre* du 17 janvier 1680, t. VI,
p. 202.
[3] *Ibid.*, 24 janvier 1680, t. VI, p. 208.
[4] Jacques II, fils d'Henriette de France, fille de Henri IV.

la duchesse fut au lit, le Roy fit appeler monseigneur le duc, qui entra dans la chambre le
bonnet à la main et les cheveux nouez par
derrière avec un ruban couleur de feu, et se
mit au lit du côté droit. Les rideaux du pied
estoient fermez, mais ceux des côtez demeu-
rèrent à demi ouverts. Le Roy fit entrer
M. l'ambassadeur de Savoye, et luy dit qu'il
pouvoit mander qu'il avoit veu les mariez
couchez ensemble. Ensuite, le Roy et leurs
Majestez britanniques se retirèrent. Monseigneur resta dans la chambre; un moment
après, il se releva, passa dans le grand cabinet
où il se rhabilla, et s'en retourna coucher
chez luy [1]. »

Le duc de Croy raconte ainsi les dernières
formalités qui accompagnèrent le mariage du
Dauphin, fils de Louis XV, en février 1747 :
« Nous assistâmes à la toilette de madame la
Dauphine, qui se fit en public jusqu'au moment où la Reine lui donna la chemise. A cet
instant, le Roi fit passer tous les hommes à la
toilette du Dauphin, à qui Sa Majesté passa la
chemise. Les deux cérémonies terminées, tout
le monde revint dans la chambre à coucher

---

[1] *Mercure galant*, n° de décembre 1697, p. 227.

de madame la Dauphine. Elle étoit en bonnet de nuit et assez embarrassée, mais moins que le Dauphin[1]. Quand ils furent couchés, on ouvrit les rideaux, et tout le monde les contempla durant quelque temps[2]. »

Comme je l'ai dit, c'est également sur leur lit que les nouvelles accouchées étaient visitées par leurs amies, coutume qui a inspiré au petit Coulanges ses moins mauvais vers :

Enfin je vous revois, vieux lit de damas verd,
Vos rideaux sont d'été, vos pentes sont d'hyver.
Je vous revois, vieux lit si chéri de mes pères,
    Où jadis toutes mes grand'mères,
Lorsque Dieu leur donnoit d'heureux accouchemens,
Sur leur fécondité recevoient complimens[3]...

Le veuvage devenait à son tour une nouvelle occasion de se montrer sur le lit en grande cérémonie. « La duchesse d'Orléans, écrit Saint-Simon, s'étoit mise au lit pour recevoir les complimens sur la mort de M. le duc ; et M. le duc d'Orléans et moi, seuls dans la ruelle,

---

[1] Il était veuf de Marie-Thérèse, fille de Philippe V, roi d'Espagne. Sa seconde femme, Marie-Josèphe de Saxe, dont il est ici question, fut la mère de Louis XVI, de Louis XVIII et Charles X.

[2] Duc de Croy, *Mémoires,* publiés par le vicomte de Grouchy, p. 49.

[3] *Chansons,* t. I, p. 206.

6.

nous discutâmes avec elle sur ce qui restoit à
faire [1]. »

Le lit, dont le chevet s'appuyait au mur,
avançait sur le milieu de la chambre, laissant
à droite et à gauche deux espaces à peu près
égaux, dont l'un était le devant du lit et l'autre
la ruelle, ou, comme l'on disait souvent, la
grande et la petite ruelle [2]. La petite était la
plus intime; c'est là que l'on parlait aux domestiques, que se traitaient les affaires secrètes,
que se dissimulaient au besoin, dans l'ampleur
des rideaux, ceux que Madame avait intérêt à
cacher [3]. Bassompierre jouait un jour à trois
dés avec Henri IV, retenu au lit par la goutte.
Il était assis dans la petite ruelle, la grande
restant libre pour les visites qui eussent pu
survenir. Arrive madame d'Angoulême [4]. Le
roi se retourne aussitôt, et reçoit la duchesse
« de l'autre costé du lit [5]. »

La chambre à coucher de Louis XIV, telle

---

[1] Saint-Simon, t. VII, p. 294.

[2] Je parlerai ailleurs des alcôves, dont l'usage, suivant
Tallemant des Réaux (t. II, p. 502), fut introduit en France
par Mme de Rambouillet.

[3] Voy. Nemeitz, *Le séjour de Paris*, p. 146.

[4] Diane, fille légitimée de Henri II, mariée au maréchal
de Montmorency.

[5] *Mémoires,* édit. Chantérac, t. I, p. 218.

qu'on la montré au château de Versailles, n'eut cette destination qu'à dater de 1701. Le lit et la balustrade ont été retrouvés au garde-meuble. Le couvre-pieds, qui avait été brodé par les demoiselles de Saint-Cyr, forme aujourd'hui le ciel du lit. Le portrait d'Anne d'Autriche par Mignard se trouvait déjà à l'endroit qu'il occupe actuellement; quant au moulage en cire placé vis-à-vis, il doit être fort ressemblant, car il est l'œuvre d'un sieur Benoît, qui se dis-tingua à cette époque par des portraits de ce genre[1]. On devait toujours rester découvert dans la chambre du roi. En passant devant le lit, les princesses du sang elles-mêmes « fai-soient une grande révérence[2]. » Chez la reine aussi, les dames saluaient le lit[3].

On dressait tous les soirs, au pied du lit du roi, le *lit de veille* destiné au premier valet de chambre. Celui-ci ne se couchait qu'après avoir fermé les portes au verrou, tiré les rideaux et éteint le dernier bougeoir. Le lendemain, il se levait sans bruit, une heure avant le roi, allait s'habiller dans l'antichambre, puis rentrait. Il

[1] Voy. Nemeitz, p. 368.
[2] Trabouillet, *État de la France pour* 1712, t. I, p. 293 et 307.
[3] Ant. de Courtin, p. 21.

s'approchait alors du roi, et lui disait : « Sire,
voici l'heure, » puis il introduisait les garçons
de la chambre, qui ouvraient les volets des
fenêtres et éteignaient le mortier ainsi que la
bougie toujours allumés durant la nuit[1].

« Quand le Roy est marié, et qu'étant déshabillé il passe le soir chez la Reine, le premier
valet de chambre porte devant Sa Majesté son
haut de chausses dans une toilette de taffetas
rouge et son épée, posant le tout sur le fauteuil
de la ruelle du lit du côté que le Roy couche.
Et le matin, à l'instant que le Roy repasse de
chez la Reine, le premier valet de chambre du
Roy entre dans la chambre de la Reine, et en

---

[1] « Le mortier qui brûle la nuit dans la chambre du Roy
est un petit vaisseau d'argent ou de cuivre, ainsi appelé à
cause de sa ressemblance avec un mortier à piler. Il est
rempli d'eau, où surnage un morceau de cire jaune gros
comme le poing, aussi nommé mortier, et aïant un petit
lumignon au milieu. Ce morceau de cire pèse une demi-
livre. Il brûle pendant la nuit, et l'eau où il surnage fait
durcir ou geler la cire de tout autour, dont il se fait comme
une croûte. La bougie qui brûle aussi toute la nuit est dans
un flambeau d'argent posé au milieu d'un bassin d'argent
qui est à terre. » (Trabouillet, t. I, p. 314.) Le mortier
représentait donc nos veilleuses actuelles. Mais dans les
grandes maisons seulement, l'on gardait ainsi de la lumière
durant la nuit. La duchesse de Savoie y gagna de reconnaître le galant Thoré qui s'était introduit et caché chez
elle, « car, dit Tallemant (t. IV, p. 26), il y a tousjours de
la lumière dans la chambre des princesses comme elle. »

rapporte l'épée et le haut de chausses qu'il avoit
portés le soir, et vient mettre le tout dans la
chambre du Roy, à la ruelle du lit de Sa Majesté[1]. » Toute la journée, un valet de chambre
demeurait assis à l'intérieur de la balustrade,
pour garder le lit et empêcher que personne
en approchât[2].

Pendant l'hiver, on bassinait les lits chaque
soir[3]. *L'Inventaire du mobilier de la Couronne
pour* 1673 mentionne trois bassinoires d'argent,
dont une avait « son couvercle percé à jour de
plusieurs fleurs de lis, et les armes du Roy au
milieu[4]. » Le moine était déjà connu[5], mais
la boule à eau chaude, originaire d'Angleterre, ne paraît avoir remplacé l'ancien procédé que vers 1770. Le sieur Granchet annon-
çait, cette année-là, dans le *Mercure de France*[6]
qu'il venait de « perfectionner la bassinoire
angloise; elle reçoit, disait-il, sa chaleur de

---

[1] Trabouillet, t. I, p. 310. — Ce cérémonial n'avait
guère changé sous Louis XVI. Voy. Mme Campan, t. I,
p. 309.

[2] Trabouillet, t. I, p. 284.

[3] Voy. Tallemant des Réaux, t. I, p. 137. — Sous
Louis XIV, voy. Trabouillet, t. I, p. 305. — Sous Marie-
Antoinette, voy. Mme Campan, t. I, p. 312.

[4] Tome I, p. 63 et 67.

[5] Voy. Saint-Simon, t. IX, p. 91.

[6] N° de février 1770, p. 203.

l'eau chaude qu'elle contient. Elle est fermée
hermétiquement, et n'est par conséquent point
sujette à laisser dans le lit aucune impression
de moiteur. Sa chaleur se conserve plus longtemps, ce qui fait qu'on peut s'en servir pour
bassiner plusieurs lits. On peut placer aussi
commodément cette bassinoire dans les voi-
tures et la mettre sous les pieds. Son prix est
de 24 livres, y compris le chevalet, l'entonnoir et le manche. »

L'habitude d'offrir l'hospitalité dans son
propre lit s'était conservée. La veille de la
Saint-Barthélemy, Charles IX voulait garder
avec lui Larochefoucauld pour le soustraire
aux massacres[1]. François 1er allait souvent
partager le lit de Bonnivet, d'Aubigné celui de
Henri IV, Luynes et Cinq-Mars celui de
Louis XIII, Guise celui de Condé, etc., etc.
Aussi une curieuse *Civilité* du seizième siècle
enseignait-elle la manière de se conduire en
cette circonstance :

Et quand viendra que tu seras au lit,
Après soupper, pour prendre le délit[2]

---

[1] Larochefoucauld refusa, lui disant qu'il ne cherchait à
le retenir « que pour le fouetter la nuict et ne faire que du
fol, comme quand ilz estoient ensemble. » Brantôme, t. V,
p. 256.

[2] Le plaisir. Du verbe *delectare*.

D'humain repos avecques plaisant somme,
Si auprès de toi est couché quelque homme,
Tiens doucement tous tes membres à droyt,
Alonge toy, et garde à son endroyt
De le fascher alors aucunement
Pour te mouvoir ou tourner rudement.
Par toy ne soyent ses membres descouvers,
Te remuant ou faisant tours divers :
Et si tu sens qu'il soit jà sommeillé,
Fay que par toy il ne soyt esveillé [1].

Le fait était plus commun encore parmi les femmes, même de maîtresse à servante. Madame de Muci couchait volontiers avec la sienne, quoiqu'il y eût deux lits dans la pièce [2]. Pendant plusieurs années, madame de Maintenon, alors la veuve Scarron, n'eut d'autre lit que celui de Ninon de Lenclos [3]. Dans les maisons royales, les filles d'honneur couchaient ensemble... « en attendant mieux, » comme disait impertinemment le comte de Fiesque à deux d'entre elles [4].

Bien qu'au début du dix-septième siècle, l'on ne se piquât pas d'une grande propreté [5], les

---

[1] Joannes Sulpitius trad. Pierre Broë, p. 15.

[2] *Histoire de Mme de Muci*, par Mlle D***. A la suite des *Mémoires d'Agrippa d'Aubigné*, édit. de 1731, t. II, p. 159.

[3] Marquis de la Fare, *Mémoires*, édit. Michaud, p. 288.

[4] *Ménagiana*, édit. de 1715, t. IV, p. 171.

[5] Voy. *Les soins de toilette*.

*Lois de la galanterie*, publiées en 1644[1], insistent sur le choix du linge :

L'on doit avoir esgard à ce qui couvre le corps, et qui n'est pas seulement estably pour le cacher et le garder du froid, mais encore pour l'ornement. Il faut avoir le plus beau linge et le plus fin que l'on pourra trouver. L'on ne sçauroit estre trop curieux de ce qui approche de si près de la personne... Quant aux *canons* de linge que l'on estalle au dessus des bottes, nous les approuvons bien dans leur simplicité quand ils sont fort larges et de toille baptiste bien empesée, quoyque l'on ait dit que cela ressembloit à des lanternes de papier, et qu'une lingère du Palais s'en servit ainsi un soir, mettant sa chandelle au milieu pour la garder du vent. Afin de les orner davantage, nous voulons aussi que d'ordinaire il y ait double et triple rang de toille, soit de baptiste, soit de Hollande, et d'ailleurs cela sera encore mieux s'il y peut avoir deux ou trois rangs de poinct de Gênes, ce qui accompagnera le *jabot*, qui sera de mesme parure. Vous sçaurez que, comme le cordon et les esguillettes s'appelle la *petite oye*, l'on appelle jabot l'ouverture de la chemise sur l'estomach, laquelle il faut tousjours voir avec ses ornemens de dentelles, car il n'appartient qu'à quelque vieil penard d'estre boutonné tout du long[2].

---

[1] Dans le *Nouveau recueil des pièces les plus agréables de ce temps*, p. 1.

[2] Sur les canons, le jabot et petite oie, voy. *Les magasins de nouveautés*, t. I, p. 214 et suiv.

Les lois de la galanterie ne parlent pas du rabat et des manchettes, dont la décadence avait commencé, mais qui constituaient encore sous Richelieu des pièces très importantes du costume. On nommait rabat un vaste col rabattu ; il était attaché par devant au moyen de cordons munis de gros glands pour les hommes et de quelque nœud pour les femmes. Il y avait des rabats garnis de dentelles, ceux de la bonne faiseuse [1], par exemple, qui valaient soixante-dix ou quatre-vingts pistoles [2]. Leur nom varia à l'infini, rabats dentelés, rayonnés, cannelés, houppelés, rabats à la reine, à la Guise, à la guimbarde, à la neige, à la fanfreluche, etc. [3] Dans *Le roman bourgeois* de Furetière, le rabat est déclaré « la plus difficile des pièces de l'adjustement ; c'est la première marque à laquelle on connoist si un homme est bien mis, et l'on n'y peut employer trop de temps et trop de soins. » Les manchettes, accompagnement obligé du rabat, n'en exigeaient guère moins : « J'ay ouy dire d'une présidente qu'elle est une heure entière à mettre ses man-

---

[1] Voy. *Les précieuses ridicules*, scène 5.
[2] Gourville, *Mémoires*, édit. Michaud, p. 529.
[3] Courval-Sonnet, *Satyre ménippée sur les poignantes traverses du mariage* (1621), p. 26.

chettes, et elle soutient publiquement qu'on ne les peut bien mettre en moins de temps[1]. »

Vers 1636, le rabat avait rencontré un sérieux concurrent dans la cravate. Cette mode fut empruntée au costume des cavaliers allemands dits croates ou cravates[2], dont un régiment entra au service de la France[3]. D'abord de dimension modeste, la cravate ne tarda pas à jouer un rôle important dans la toilette : ce fut une longue pièce de mousseline ou de dentelle, dont l'arrangement exigeait beaucoup d'art, et dont les extrémités descendaient jusque vers le milieu de la poitrine.

Un épisode de la bataille de Steinkerque, gagnée en 1692 par le maréchal de Luxembourg, devint l'occasion d'une nouvelle espèce de cravate, adoptée surtout par les femmes. Les princes, qu'une attaque inopinée avait surpris, s'habillèrent à la hâte et entortillèrent négligemment leur cravate autour du cou.

---

[1] Le roman bourgeois (publié en 1666), édit. elzév., p. 72.

[2] « Le nom de cravates a été donné à un corps de cavalerie étrangère, originairement sortie de Croatie, et pour parler régulièrement, il faudroit appeler ces cavaliers des croates. » Mercure de France, n° de mai 1725, p. 1042.

[3] Voy. Furetière, Dictionnaire universel des mots françois (1727), au mot cravate. — Ménage, Dictionnaire étymologique de la langue françoise (1750), t. I, p. 439.

Ainsi naquit la mode des steinkerques[1], auxquelles Regnard attribue sans raison une origine plus prosaïque quand il écrit : « Le col long et les gorges creuses ont donné lieu à la steinkerque[2]. »

Après la prise de Crémone, les crémones firent oublier les steinkerques. L'ornement qui emprunta son nom à ce fait d'armes consista en une légère garniture bouillonnée, cousue sur les deux bords d'un ruban. La vanité royale aussi bien que la vanité féminine se trouvaient de la sorte satisfaites à peu de frais, et tout le monde fut content, sauf les éternels rabâcheurs ennemis du luxe :

. . . . . . Les exploits d'un roy si glorieux
Semblent prêter au luxe un voile spécieux.
On n'a mis sur les rangs Steinkerque et Crémone
Que pour éterniser les lauriers qu'il moissonne[3].

Parmi les innombrables officiers de tout ordre qui constituaient la Cour de ce roi si glorieux, figurait le sieur Étienne de Miramond, cravatier de Sa Majesté. Cette charge,

[1] Voltaire, *Siècle de Louis XIV*, chap. XVI, édit. Moland, t. XIV, p. 315.

[2] *Attendez-moi sous l'orme*, comédie jouée en 1694, scène 6.

[3] *Satyre nouvelle contre le luxe des femmes*, p. 7.

largement rémunérée, était très enviée, car
elle permettait au titulaire d'approcher chaque
jour le plus grand monarque de la terre,
comme on disait alors. Tous les matins, il arrivait porteur d'une corbeille remplie de cravates qu'il présentait à Sa Majesté. Quand le
roi en avait choisi une, le cravatier avait l'honneur de la remettre au grand-maître[1] ou au
premier valet de garde-robe, chargés de la
passer au cou du roi, qui la nouait lui-même.
Mais à cela ne se bornait point le rôle du cravatier, car ses fonctions lui conféraient encore
d'inestimables prérogatives. Écoutez un contemporain : « Après que le cravatier a présenté la cravate au grand maître de la garderobe, il accommode le col de la chemise du Roy.
La cravate mise, s'il apperçoit quelqu'endroit
qui n'aille pas assez bien, il y met encore la
main. En l'absence de ses supérieurs, il met
la cravate au Roy. Il attache tous les matins
les diamans et les manchettes aux poignets des
chemises de Sa Majesté. Il a entre ses mains
toutes les cravates, les manchettes et tous les
points et dentelles pour le linge du Roy. Il
plie les cravates de Sa Majesté et y nouë les

---

[1] En 1712, c'était le duc de Larochefoucauld.

rubans, afin qu'elles soient toujours prêtes à mettre. » Enfin, comme en ce temps-là, tout était prévu, « Madame Marthe-David Le Roux, remplisseuse de points par commission, vient tous les jours à la garde-robe du Roy, où elle remplit les points et dentelles de Sa Majesté, lorsqu'il y a quelque chose à refaire[1]. »

Après la mort de Louis XIV, les cravates adoptèrent une dimension exagérée. Les bouts, fort longs, descendirent très bas devant la chemise, rappelèrent le jabot, ce flot de dentelles qui, dans les premières années du dix-septième siècle, complétait la petite oie. Un jour, l'arlequin de la Comédie italienne « parut sur le théâtre avec une cravate qui, pendant du col, lui passoit entre les jambes et revenoit par dessus l'épaule. » Arlequin obtint satisfaction, car le *Mercure* de février 1732 nous apprend que la cravate était alors réduite à « un simple tour de col[2]. » Mais l'on attachait beaucoup d'importance au nœud qui la nouait sous le menton. Il y eut même, un peu plus tard, des *maîtres d'agrémens* « qui formoient les jeunes gens à l'art de plaire, » et leur apprenaient,

---

[1] Trabouillet, t. I, p. 202 et 268.
[2] Page 210.

entre autres belles choses, à faire le nœud de
leur cravate [1].

La manœuvre du mouchoir présentait aussi
des difficultés. Comme il était devenu fort
élégant, *Les lois de la galanterie* n'interdirent
pas d'en faire parade au cours de la conversation : « A un certain temps de là, vous tire-
rez un mouchoir de vostre poche, que vous
estallerez un peu, pour en faire parestre la
grandeur et la beauté de la toile plustost que
pour vous moucher [2]. » Au moment où cela était
écrit, Clyanthe léguait à Alcyonne « un mouchoir de toille d'Holande, garny d'un petit
passement [3] de Flandres et de galans [4] de
fleur d'orange [5]. »

Les mouchoirs d'homme étaient parfumés
aussi et, comme les rabats, ornés de glands.
Pendant que Croisilles écoutait la lecture de
son contrat, « il avoit mis son mouchoir sur
sa teste et en tenoit les glands dans sa bouche [6]. » Les jeunes damerets ne pouvaient se
résoudre à dissimuler tout à fait d'aussi jolis

---

[1] Mercier, *Tableau de Paris*, chap. 174, t. II, p. 216.
[2] Page 83.
[3] Dentelle.
[4] Nœuds, coques de ruban.
[5] *Recueil des pièces*, etc., p. 396.
[6] Tallemant des Réaux, t. III, p. 31.

objets, ce qui facilitait la tâche des voleurs :

> Un fin mouchoir mouillé d'essence,
> Dont je sens presque l'excellence,
> Avec des glands à chaque coin,
> Au beau fils torchera le groin,
> Sinon que quelqu'un assez proche,
> Le voyant presque hors de la poche,
> Ne tirant qu'un gland par un bout,
> Dans la sienne le mette tout [1].

Mais l'usage de ce petit carré de toile n'était pas encore si universellement répandu que même un noble seigneur ne sût très bien s'en passer au besoin, ou du moins suppléer à ses services, et cela sans offenser personne. Un gentilhomme de haute mine, d'Hauterive de l'Aubespine, recevait un jour à dîner la fleur de la galanterie française, l'illustre Turenne entre autres et le marquis de Ruvigny. Au milieu du repas, d'Hauterive ayant eu besoin de se moucher, pressa avec le doigt une de ses narines, et le contenu de l'autre, partant comme une flèche, alla s'aplatir contre la cheminée, « en faisant autant de bruit qu'un pistolet. » Ruvigny, qui était assis auprès de Turenne, s'écria en entendant cette détona-

---

[1] *Vers à la Fronde sur la mode des hommes* (1650), p. 11.

tion : « Monsieur, n'êtes-vous pas blessé ? »
Et, ajoute Tallemant des Réaux [1], « ce fut un
esclat de rire le plus grand du monde. »

Louis XIV n'accomplissait pas ainsi cette
délicate opération avec un seul doigt. Chaque
matin, un maître de la garde-robe lui présentait, sur une salve [2] en vermeil, « trois mouchoirs de point de trois sortes de façons. »
A l'heure du coucher, le même dignitaire
offrait « sur la salve un bonnet de nuit et
deux mouchoirs unis, sans dentelle [3]. »

On disait alors « mouchoir à moucher, »
expression que Ménage trouvait grossière, et
qu'il condamnait. On lit dans son *Dictionnaire
étymologique de la langue françoise* [4] : « Mouchoir a moucher. Comme ce mot de moucher
donne une vilaine image, les dames devroient
plutost appeler ce mouchoir, *de poche*, comme
on dit mouchoir de cou, que mouchoir à
moucher. »

Parcourons maintenant quelques *Civilités*,
et voyons quelles règles de conduite elles
recommandent au sujet du mouchoir.

---

[1] Tome I, p. 493.
[2] Soucoupe ovale.
[3] Trabouillet, t. I, p. 268, 271 et 302.
[4] Édit. de 1694, p. 514.

Antoine de Courtin est très précis :

Il faut éviter de bâiller, de se moucher et de cracher. Si on y est obligé en des lieux que l'on tient proprement, il faut le faire dans son mouchoir, en se détournant le visage et se couvrant de sa main gauche, et ne point regarder après dans son mouchoir.

A propos de mouchoir, on doit dire qu'il n'est pas honneste de l'offrir à quelqu'un pour quelque chose, quand même il seroit tout blanc, si on ne vous y oblige absolument.

*La civilité puérile et honneste, dressée par un missionnaire* en 1749 est plus complète :

Il est de mauvaise grâce de cracher par la fenestre dans la rue, ou sur le feu et en tout autre lieu où on ne pourroit marcher sur le crachat.

Ne crachez point si loin qu'il faille aller chercher le crachat pour mettre le pied dessus, et encore moins ne crachez point vis-à-vis de personne.

Gardez-vous bien de vous moucher avec les doigts ou sur la manche, comme les enfans; mais servez-vous de votre mouchoir, et ne regardez pas dedans après vous estre mouché.

Il ne faut pas non plus faire un grand bruit en se mouchant, comme pour sonner de la trompette. Mais on doit se comporter tellement qu'à peine ceux qui en sont présens puissent s'en appercevoir.

Si vous vous sentez disposé à éternuer, tournez-

vous tant soit peu de costé, couvrez votre visage
avec le mouchoir, et remerciez la compagnie qui
vous aura salué, en lui faisant la révérence.

Le Père Jean-Baptiste de la Salle, pieux
ecclésiastique qui fonda l'institut des Frères
des écoles chrétiennes, s'exprime sur ce point
avec une grande simplicité :

Il est de la bienséance de tenir le nez fort net,
car il est l'honneur et la beauté du visage, et la
partie de nous-même la plus apparente.

Il est vilain de se moucher avec la main nue en
la passant dessous le nez, ou de se moucher sur sa
manche ou sur ses habits[1].

En dépit de ces salutaires instructions, la
grave question du mouchoir, qui semble à
peu près résolue aujourd'hui, soulevait encore
des controverses peu de temps avant la Révolution. De la Mésangère écrivait en 1797 :
« On faisait un art de se moucher il y a quelques années. L'un imitait le son de la trompette, l'autre le jurement du chat. Le point
de perfection consistait à ne faire ni trop de
bruit ni trop peu[2]. »

---

[1] *Les règles de la bienséance et de la civilité chrétiennes*,
édit. de 1782.

[2] *Le voyageur à Paris, tableau pittoresque et moral de
cette capitale*, t. II, p. 95.

## II

### LES LINGÈRES

Les lingères font reviser leurs statuts : Conditions exigées pour s'établir. Apprenties. Observation du dimanche. Colportage. Les auneurs de toiles. Les marchands forains. — La halle aux toiles. — En quoi consistait le commerce des lingères. — Description d'un trousseau. — Le trousseau de Mlle Briffe et celui de Madame Royale. — Les noguettes. — Les boutiques du Palais. — Le ballet des lingères. — *Arlequin, lingère du Palais*, comédie. — Centre du commerce des lingères. — Principales lingères de Paris au dix-huitième siècle. — Nombre des lingères. — Patronne des lingères. — Armoiries de la corporation.

Au mois de janvier 1645, les lingères firent apporter d'assez nombreuses modifications aux statuts qui les régissaient depuis un demi-siècle [1].

Nulle ne put plus être reçue maîtresse lin-

---

[1] Voy. *Statuts, ordonnances et articles que les marchandes maîtresses toilières, lingères, canevassières en fil, jurées et gardes de la marchandise de toilerie et lingerie de cette ville de Paris requièrent être augmentez, confirmez et approuvez par le Roy, entretenus, gardez et observez par les marchandes et maîtresses dudit état, apprentisses, marchands forains faisant trafic desdites marchandises, et aulneurs et halliers de la halle aux toiles, avec défenses à toutes personnes d'y contrevenir, sur les peines et amendes y contenuës.* In-4°.

gère qu'elle ne fût « de bonne vie et mœurs,
et qu'elle ne fît profession de la religion catho-
lique, apostolique et romaine [1] ; » c'est d'ailleurs
là une formule qui figure en tête de presque
tous les statuts rédigés à cette époque. Si,
après sa réception, une maîtresse se trouvait
« être de mauvaise vie et mœurs, ou de la
religion prétendue réformée, » on la chassait
de la communauté et sa boutique était
fermée [2].

Les apprenties devaient être filles ou veuves,
mais non mariées. Chaque maîtresse ne pouvait en avoir deux en même temps [3].

L'apprentissage durait quatre ans, et était
suivi de deux ans de service comme fille de
boutique [4]. Les filles de maîtresses étaient
dispensées de l'apprentissage et du service [5].

Les maîtresses ne devaient posséder chacune qu'une seule boutique. « Et ne pourront
leurs maris se mêler d'autre sorte d'état, ains
se contenteront le mari et la femme d'un état
seulement [6]. »

[1] Article 1.
[2] Article 5.
[3] Articles 3 et 5.
[4] Article 1.
[5] Article 2.
[6] Article 8.

Aucun magasin ne devait rester ouvert le dimanche [1], prescription que l'autorité eut parfois beaucoup de peine à faire observer [2].

Tout colportage dans les rues était formellement interdit [3].

Trois articles sont relatifs aux auneurs de toiles, officiers publics assermentés qui avaient pour mission de mesurer les toiles après tout marché conclu. C'était une des nombreuses mesures destinées à assurer la loyauté des transactions, l'autorité admettant toujours que le vendeur chercherait à tromper l'acheteur [4]. Il était interdit aux auneurs d' « aller boire ni manger avec les marchands forains, ni leur dire que vaut la marchandise [5]. » Ils ne devaient non plus « loger ni retirer les marchands forains en leurs maisons [6]. »

---

[1] Article 11.

[2] Voy. *Sentence de police qui fait défense à toutes maîtresses et marchandes lingères de vendre, ouvrir leurs boutiques et magasins, y mettre des étalages et faire tenir leurs filles de boutique sur leurs portes, et porter ou faire porter des marchandises en ville les jours de dimanches et fêtes, et même le jour de sainte Véronique, patronne de leur communauté.* 12 décembre 1750, in-4°.

[3] Articles 12 et 22. Voy. aussi les sentences de police des 18 mars 1735, 4 mars 1746, 20 février et 24 août 1750.

[4] Sur ce sujet, voy. *La cuisine*, p. 217 et suiv.

[5] Article 9.

[6] Article 10.

Les plus minutieuses précautions étaient
prises pour prévenir toute concurrence de la
part de ces forains, qui apportaient à Paris
les belles toiles de la Normandie, de la Bretagne, de la Flandre, etc. Ils devaient « venir
tout droit décharger et descendre leurs marchandises ès halles aux toiles et non ailleurs[1]. »
Dans les vingt-quatre heures, ils étaient tenus
d'aviser de leur arrivée une des jurées lingères, qui allait aussitôt visiter les ballots[2],
afin de s'assurer que les marchandises appor-
tées étaient « bonnes, loyales et marchandes,
égales aux deux lizières et mitan, non rom-
puës, tirées, appointées ni mixtionnées[3]. » Cet
examen une fois terminé, les toiles devaient
être aussitôt mises en vente; celles qui, après
trois jours de marché, n'avaient pas trouvé
acheteur étaient laissées « en garde au hallier
de la halle, pour icelles remettre en vente au
premier voyage et retour que les forains feront
à Paris, sans qu'ils les puissent transporter
hors ladite halle[4]. » Chaque chariot de toile
entrant à la halle payait un droit de quatre

[1] Article 13.
[2] Article 17
[3] Article 21.
[4] Article 20.

sous parisis, chaque charrette deux sous, et chaque charge de cheval douze deniers [1]. Une sentence de police du 13 août 1700 [2] nous apprend que ces malheureux forains étaient, en outre, exploités de mille manières ; on exigeait d'eux un droit de bienvenue, on les forçait de contribuer aux frais de procès supposés, etc., etc. Bien entendu, le commerce de détail leur était formellement défendu [3], et, sous peine de soixante livres d'amende, nul ne devait rien leur acheter en dehors de la halle [4].

Cette halle occupait le même bâtiment que la halle aux draps. On dut l'agrandir en 1724, aux dépens de cette dernière [5], et quand l'édifice eut été reconstruit [6], on attribua aux draps l'étage supérieur et aux toiles tout le rez-de-chaussée.

Les marchandises dont la corporation avait le monopole étaient les « toiles de lin, chanvre, batiste, linon, cambray, hollande, canevas

---

[1] Article 15.

[2] Biblioth. nation., mss. français, n° 21,796, p. 10.

[3] Article 18.

[4] Article 14.

[5] Voy. *Arrest du Conseil d'Estat du Roy pour l'agrandissement de la halle aux toiles et pour le commerce desdites toiles dans Paris.* In-4°.

[6] Voy. *Les magasins de nouveautés,* t. II, p. 284.

gros et fin, treillis blanc et jaune, et généralement toutes sortes de toiles et de marchandises faites, tant chemises que calleçons, rabats
et autres manufacturées concernant ledit état,
pour la commodité et soulagement du public [1]. » Cette dernière phrase devait être
largement interprétée, puisque les lingères
faisaient le commerce des dentelles [2], fournissaient, outre le linge d'église, des layettes
et des trousseaux complets.

Le linge d'église constituait un commerce
plus honorable que lucratif, car il se bornait
aux objets suivants :

| POUR L'AUTEL. | POUR L'ECCLÉSIASTIQUE. |
|---|---|
| 3 nappes d'autel. | Rabat. |
| 2 nappes de crédence. | Aube. |
| Toile de la palle [3]. | Amict. |
| Corporal. | Surplis. |
| L'essuie-doigt ou la-vabo. | Tour d'étole. |
| | Rochet. |
| Purificatoire [4]. | Rabat [5]. |
| Nappe de communion. | Manchettes de soutane. |

[1] Article 6.

[2] Voy. le règlement de police du 30 mars 1635. Dans
Delamarre, *Traité de la police*, t. I, p. 125.

[3] On nomme *palle* un carton carré garni de batiste qui
se met sur le calice pendant la messe.

[4] C'est le linge avec lequel le prêtre essuie le calice après
la communion.

[5] Ou *petit collet*. C'était la marque distinctive des gens

J'ai décrit ailleurs [1] une layette complète.
Voici maintenant de quoi se composait un
beau trousseau vers la fin du dix-huitième
siècle :

### POUR LA TÊTE :

1 toilette de ville en mousseline ou en dentelle.

1 toilette de campagne en mousseline.

6 trousses ou étuis à peigne, de beau basin de
Troyes.

6 dessus de pelotes.

48 serviettes de toilette.

24 tabliers de toilette.

6 peignoirs, dont quatre garnis en belle mousseline et deux en dentelle.

36 frottoirs pour ôter le rouge, en basin à poil.

36 frottoirs pour ôter la poudre, en mousseline
double.

1 coëffure, le tour de gorge et le fichu plissé, de
point d'Alençon.

1 coëffure, le tour de gorge et le fichu plissé, de
point d'Angleterre.

1 coëffure, le tour de gorge et le fichu plissé, de
vraie valencienne.

1 coëffure dite battant-l'œil, de malines brodée,
pour négligé.

---

d'Église. Mais d'autres personnages encore le portaient.
Voy. Nemeitz, *Le séjour de Paris,* p. 140. Le rabat se faisait de gaze noire.

[1] Voy. *L'enfant,* t. II, p. 16.

6 fichus simples en mousseline mille-fleurs, garnis de dentelles, pour le négligé.

12 fichus de mousseline.

12 grands bonnets piqués garnis d'une petite dentelle, pour la nuit.

12 grands bonnets à deux rangs en mousseline et dentelle, pour la nuit.

12 grands bonnets à deux rangs, plus beaux, pour le jour, en cas d'indisposition.

12 serre-têtes ou bandeaux garnis d'une petite dentelle, pour la nuit.

12 grandes coëffes en mousseline, pour la nuit.

6 grandes coëffes en entoilage, pour le jour.

12 taies d'oreillers, dont 10 garnies en mousseline et 2 en dentelle.

6 bonnets piqués, d'une moyenne grandeur.

POUR LE CORPS :

72 chemises.

72 mouchoirs en demi-hollande.

48 mouchoirs en batiste.

72 paires de chaussons.

6 corsets en beau basin.

12 pièces d'estomac garnies en haut d'une petite dentelle.

6 camisoles à cordons, en belle toile de coton ou en beau basin des Indes, doublées de basin à poil, pour la nuit.

6 jupons piqués en mousseline.

6 jupons de dessous pour l'été, de belle toile de coton ou de basin des Indes.

6 manteaux de lit, en belle mousseline brodée.

6 jupons en belle mousseline brodée, garnis de
même, ce qui s'appelle *un beau déshabillé*.

6 garnitures de corset. ⎫
6 tours de gorge. . . . ⎬ en mousseline feston-
12 paires de manchettes ⎭  née.

6 garnitures de corset. ⎫
12 tours de gorge.   . ⎬ en dentelle entoilée de
12 paires de manchettes ⎭  mousseline brodée.

6 paires de manchettes de toile, pour laver les
mains.

48 linges de toile, à laver les bras.

72 linges de toile, pour la garderobe [1].

Cette énumération nous est donnée par
l'écrivain qui fut chargé de faire connaître
*L'art de la lingerie* dans la *Description des arts
et métiers* publiée de 1771 à 1793 [2]. On peut
donc la regarder comme un type adopté pour
les riches trousseaux de cette époque. L'auteur
a omis de nous en donner le prix, indication
que d'autres documents vont nous fournir.
Ainsi, le trousseau offert en 1785 à Mlle de
la Briffe coûta 21,780 francs. La lingerie et
les vêtements, non compris les fourrures,
figurent seuls dans cette somme. J'y relève
les articles suivants :

[1] *État d'un trousseau.* Dans *Description des arts et métiers*, par J.-E. Bertrand. *Art de la lingerie*, par M. de
Garsault, 1780, in-4°.

[2] En 19 volumes in-4°.

| | |
|---|---:|
| 1 parure de point d'Argentan.... | 2,000 liv. |
| 1 parure de point d'Angleterre... | 1,150 — |
| 1 paire de manches pour habit de cour.......................... | 424 — |
| 1 baigneuse d'Angleterre........ | 240 — |
| 1 baigneuse en vray valenciennes. | 226 — |
| 10 falbalas de mousseline........ | 246 — |
| 180 aunes de toile pour 6 douzaines de chemises................. | 1,046 — |
| 17 aunes de batiste pour 2 douzaines de mouchoirs................. | 157 — |

La lingerie fut fournie par le sieur Langlois, établi rue Montmartre, et les vêtements par le sieur Lacoste, *Au dauphin couronné*, rue Croix-des-Petits-Champs [1].

En 1795, la fille de Louis XVI, restée au Temple après l'exécution de ses parents, fut échangée contre cinq personnages politiques français, que Dumouriez avait livrés à l'Autriche. Elle était dénuée de tout, et le Directoire, en lui rendant la liberté, lui constitua un trousseau que la princesse refusa d'ailleurs d'accepter. Il avait coûté 8,917,937 livres en assignats qui, au cours moyen du jour de la livraison, représentaient une somme de 55,592 livres en numéraire.

[1] *Bulletin de la Société de l'histoire de Paris*, année 1885, p. 81. — Le mot que l'éditeur n'a pu lire page 83 est le mot *estomac*.

On y remarque :

1 ajustement de point d'Argentan. 790,000 liv.
1 ajustement, de point d'Angle-
terre...................... 780,000 —
1 manchon.................. 10,000 —
1 chat ou palatine............. 6,000 —
12 paires de bas de soie......... 25,000 —
24 paires de bas de fil........... 35,000 —
48 chemises.
24 bonnets de nuit.
24 mouchoirs de toile de Frise.
24 mouchoirs de batiste.
12 fichus de batiste.
12 jupons[1].

Les filles de boutique au service des lingères portaient le nom de *noguettes,* mot qui
a été oublié par Littré, bien qu'il figure dans
le *Dictionnaire de Trévoux.* Il s'appliquait plus
spécialement aux filles employées dans les
boutiques du Palais, où étaient établies les
lingères du bon ton. Depuis longtemps, on ne
vendait plus dans la rue de la Lingerie que
« de vieux linge, des lits, des tabliers d'enfans, etc.[2] » La galerie mercière du Palais,
dont j'ai parlé déjà[3], était bordée à droite et

[1] *Bulletin de la Société de l'histoire de Paris,* année 1887,
p. 58.
[2] *Le livre commode,* etc., t. II, p. 16.
[3] Dans *Les magasins de nouveautés,* t. I, p. 39.

à gauche de nombreuses boutiques, bien
étroites et bien sombres si on les compare à
nos magàsins actuels, mais qui représentaient
alors le dernier mot du luxe. Abraham Bosse
en a reproduit l'aspect dans une jolie gravure [1],
au bas de laquelle on lit ces vers :

Tout ce que l'art humain a jamais inventé
Pour mieux charmer les sens par la galanterie,
Et tout ce qu'ont d'appas la grâce et la beauté
Se descouvre à nos yeux en ceste gallerie...
Icy, faisant semblant d'acheter devant tous
Des gands, des esventails, du ruban, des dentelles,
Les adroits courtisans se donnent rendez-vous,
Et pour se faire aimer galantisent les belles.
Icy quelque lingère, à faute de succez
A vendre abondamment, de colère se picque
Contre les chicaneurs [2] qui, parlant de procez,
Empeschent les chalands d'aborder sa boutique.

Dans un ballet dansé à la Cour en 1612,
un des personnages, costumé en lingère du
Palais, s'exprimait ainsi :

Je suis lingère du Palais,
J'ay des rubans, j'ay des colets,
J'ay des mouchoirs et des chemises,

[1] On la trouve dans *Le magasin pittoresque*, t. XX,
p. 358, et dans le *Paris à travers les âges*, p. 55 de la
livraison consacrée au *Palais de justice*. Page 57 de la même
livraison, une gravure de Moreau représente la galerie du
Palais au dix-huitième siècle.

[2] Les plaideurs.

La galerie du Palais.

Et je fais fort bonne raison [1]
Aux filles de bonne maison
A qui je vends mes marchandises.

Je sçay fraizer, goderonner,
Je sçay blanchir et savonner,
Je ne treuve rien difficile,
Et lorsque je veux faire bien
Les Flamands n'y sçavent rien.
J'empèze le mieux de la ville.

Ce courtisan, pour le blanchir
M'avoit promis de m'enrichir,
Mais c'est une triste pratique.
Je demande mon payement :
Qu'on me dépesche vistement,
J'ay bien affaire dans ma boutique.

Ainsi chacun en est trompé.
Il a de moy du poinct couppé,
Quatre douzaines de chemises,
Des mouchoirs, des coiffes de nuict,
Et j'avois beau faire du bruict,
Ce n'estoit rien que des remises.

Je l'ay blanchy trois mois durant,
Et ne dy pas le demeurant,
Mais je n'en ay pas eu la maille.
Il me doit bien cinquante francs,
D'avoir tenu ses rabats blancs :
Qu'on me paye et que je m'en aille [2].

---

[1] De fort bonnes conditions.
[2] P. Lacroix, *Ballets et mascarades de Cour*, t. I, p. 283.

Corneille, dans sa *Galerie du Palais* [1], n'a donné qu'un rôle fort effacé à la lingère [2]. Mais le théâtre de Gherardi [3] renferme une comédie intitulée *Arlequin lingère du Palais* [4], où l'on peut relever quelques traits de mœurs.

La scène représentait deux des boutiques de la galerie [5], l'une occupée par un limonadier, l'autre par une lingère, et le dialogue commençait ainsi :

ARLEQUIN, *costumé en lingère.*

Des chemises, des cravates, des calleçons, des torchons, Messieurs !

PASQUARIEL

Voici justement une boutique de lingère. J'ai affaire de quelque peu de linge, je veux voir si elle n'auroit point ce qu'il me faut.

ARLEQUIN

Venez voir chez nous, Monsieur. De très belle toile de Hollande, de beaux chaussons à l'épreuve de la sueur !

PASQUARIEL, *prenant une chemise qu'il trouve sur le comptoir.*

Je serois ravi d'acheter quelque chose chez vous.

---

[1] Jouée en 1634.

[2] Voy. les scènes 12, 13 et 14. — Voy. aussi Montfleury, *L'impromptu de l'hôtel de Condé*, scène 1.

[3] Amsterdam, 1717, in-12, t. I, p. 53.

[4] Jouée en 1682.

[5] Voy. ci-contre, la gravure placée en tête de la pièce.

# ARLEQUIN LINGERE DU PALAIS

D'après le *Théâtre* de Gherardi.

(*A part.*) Cette fille-là est jolie, bien faite. Les beaux yeux bleus!

ARLEQUIN, *qui n'a entendu que les dernières paroles.*

Du bleu, Monsieur? Je vous garantis qu'il n'y en a pas dans ma toile.

PASQUARIEL, *regardant la chemise.*

Cette chemise m'accommoderoit assez, mais je la crois trop petite.

ARLEQUIN

Petite, Monsieur? Vous n'y pensez pas. Elle a trois quartiers et demi de haut.

PASQUARIEL, *à part.*

Le beau nez!

ARLEQUIN

Oh! pour bien aulné, ne vous mettez pas en peine; mon aulne a près d'un douze plus que les autres.

PASQUARIEL

Combien en voulez-vous?

ARLEQUIN

Elle vous coûtera dix écus, sans vous surfaire.

PASQUARIEL

Dix écus!

ARLEQUIN

Oui, Monsieur, c'est en conscience, je n'y gagne qu'une livre par sol.

PASQUARIEL

Je vous en donnerai trente sols.

8.

### ARLEQUIN

Trente sols! On voit bien que vous n'êtes pas accoutumé à porter des chemises.

### PASQUARIEL

Tenez, voilà un écu sans marchander. Si vous pouvez, ne me laissez pas aller ailleurs.

### ARLEQUIN

Çà, çà, prenez-la, mais à condition que vous me ferez l'honneur de me revenir voir. C'est à l'enseigne de la Pucelle. C'est moi, Monsieur, qui fournis les layettes pour tous les enfans des eunuques du grand serrail.

### PASQUARIEL

Comment vous appelez-vous?

### ARLEQUIN

Je m'appelle la belle Angélique, à votre service.

Rien n'était changé en cet endroit une quarantaine d'années après, car Rica écrivait alors de Paris : « J'allai l'autre jour dans un lieu où se rend la justice. Avant que d'y arriver, il faut passer sous les armes d'un nombre infini de jeunes marchandes, qui vous appellent d'une voix trompeuse [1]. »

En dehors du Palais, la rue Aubry-le-Boucher était le centre du commerce de la lin-

---

[1] Montesquieu, *Lettres persanes*, lettre 87.

gerie. C'est là qu'avait demeuré Bodeau, le
riche linger qui fut aimé de Mlle Paulet[1]. C'est
là aussi que Mme Coinard, la grosse lingère
et dentellière[2], avait fait sa fortune. C'est là
enfin qu'était établi Lemaître, dont le petit-
fils, Antoine Lemaître, fut une des gloires de
Port-Royal[3].

Un peu plus tard, les lingères imitant les
autres corps d'état, se disséminèrent un peu
partout, sans abandonner le centre de la ville[4].
L'*Almanach Dauphin* de 1777 cite parmi les
magasins le plus en vogue ceux de :

BERNARD (mesdemoiselles), *rue Saint-Honoré*,
tiennent magasins de toiles, mousselines[5] et dentelles.

LEJEUNE (madame), *rue Saint-Denys*, tient magasin de toiles, mousselines, dentelles et assortiment de toutes sortes de linge d'église tout fait.

ROUILLÉ (madame), *sous les charniers des Inno-
cens*, lingère du prince de Soubise.

SAINT-MARC, *rue Saint-Honoré*, tient un des plus
fameux magazins, fournit la Maison d'Orléans et

---

[1] Tallemant, t. I, p. **225**, et t. III, p. 16.
[2] Tallemant, t. VI, p. 116.
[3] Tallemant, t. III, p. 114.
[4] Voy. Liger, *Le voyageur fidèle*, p. 361.
[5] Toutes les mousselines venaient alors des Indes orien-
tales, surtout du Bengale, de Pondichéry et de Surate. Voy.
Garsault, p. 124.

plusieurs autres princes et seigneurs de la Cour.

Soyer, *rue de Sartine,* tient magazin de toiles de ménage, et entreprend la fourniture des sacs à bled et à farine.

Vanot (madame), *rue Saint-Denys, A la Picarde,* fournit la Maison du Roi.

Dufresne (mademoiselle), *rue Platrière,* tient un des plus considérables magazins de toiles, mousselines, dentelles, linge de table, dont elle fait des envois en province et chez l'étranger. Se charge de faire toutes sortes de trousseaux et layettes pour les mariages et baptêmes.

Murgálet (madame), *rue Neuve-Saint-Roch,* remet à neuf et à la mode les anciennes et vieilles manchettes, garnitures et autres ajustemens de dentelles, place et assortit des fleurs sur des raiseaux de points de Toulouse, et se charge de jeunes élèves pour les instruire.

Philippe (mesdemoiselles), *rue Jacob,* vis-à-vis l'hôtel d'Yorck, blanchissent et mettent à neuf toutes sortes de manchettes et ajustemens de dentelles, à juste prix.

Le nombre des maîtresses lingères était de 659 en 1725[1], et il ne paraît pas avoir beaucoup varié depuis, car des ouvrages imprimés en 1773 et en 1779 continuent à fournir le même chiffre. Le brevet d'apprentissage coûtait 36 livres et la maîtrise 600 li-

---

[1] Savary, *Dictionnaire du commerce,* t. II, p. 424.

vres, somme que l'édit de 1776 abaissa de
100 livres. Le bureau de la communauté était
situé au cloître Saint-Opportune.

Dès 1382, Charles VI avait autorisé les
« marchanz et marchandes de toyles ès hales
de Paris à créer, faire et ordonner une con-
frarie à l'onneur de Dieu et de la benoite
vierge Marie, et en espécial de sainte Venice,
vierge [1]. » Les lingères restèrent toujours
fidèles à cette tradition et conservèrent pour
patronne sainte Véronique. Elles paraissent
cependant y avoir plus tard associé saint Louis,
mais sous Louis XIV toutes les communautés
voulaient l'avoir pour patron.

L'*Armorial général* [2] blasonne ainsi les armoiries de la corporation : *D'azur, à une fasce
dentelée d'argent, surmontée d'une aune couchée
de même marquée de sable, et en pointe d'une
paire de ciseaux camars d'or ouverts en sautoir.*

[1] G. Fagniez, *Études sur l'industrie*, pièces justificatives,
p. 286.
[2] Tome XXV, p. 303.

# CHAPITRE IV

## LE BLANCHISSAGE

Les lavandières. — Blanchissage du linge dans les couvents.
— L'ordonnance de 1350. — L'amidon et l'empois. —
Henri III perfectionne l'empois. — L'empois des mignons. — La chemise de l'hermaphrodite. — Soin pris
du linge dans la bourgeoisie. — Le fer à repasser. — Les
blanchisseuses au seizième siècle. — Le ballet des rues
de Paris. — Défense de laver dans certains endroits de
la Seine. — Les blanchisseuses de gros. — Les blanchisseuses de la Grenouillère et du Gros-Caillou. — Marché
passé par le duc de Nemours pour le blanchissage de sa
Maison. — Blanchissage des Maisons royales. — Bateaux
à laver sur la Seine. Le plan de Lacaille. — Procès gagné
par les blanchisseuses de gros. — Les blanchisseuses des
environs de Paris. — Les raffinés envoient blanchir leur
linge en Hollande et même à Saint-Domingue. — Les
Parisiens possèdent très peu de linge. — L'usure du linge
à Paris. — La poudre à poudrer. — Triomphe de l'amidon. — La corporation des amidonniers-cretonniers. —
Les confréries de blanchisseuses.

Tout emploi du linge suppose la fréquente
intervention des blanchisseuses. Je dois donc
dire un mot de cet humble corps d'état, dont
personne n'a daigné encore écrire l'histoire.

Les blanchisseuses furent d'abord appelées
lavandières, nom qu'elles conservèrent durant
plusieurs siècles. La *Taille de* 1292 cite qua-
rante-trois lavandiers ou lavandières, et je

remarque dans le nombre « Jehanne, laven-
dière de l'abbaie [1] » de Sainte-Geneviève ;
elle habitait la « rue du Moustier, » qui est
devenue la rue des Prêtres-Saint-Étienne du
Mont. Cependant, à cette époque et dans la
plupart des communautés, les religieux la-
vaient eux-mêmes leurs vêtements et leur
linge. On faisait chauffer l'eau à la cuisine.
Les objets blanchis étaient ensuite étendus soit
dans le cloître, soit dans un séchoir spécial [2].

L'ordonnance du 30 janvier 1350 [3] fixe à
« un tournoi en toute saison » le prix que
pourront demander « toutes manières de lavandières de chacune pièce de linge lavé [4]. »

On faisait déjà grand usage de l'amidon et
de l'empois. Les statuts des chapeliers de
feutre au treizième siècle leur interdisent de
« metre empoise ne cole en leurs chapiaus [5]. »
Les escoffions, les atours, les hennins, pyra-
midales coiffures dont le règne commença
vers la fin du quatorzième siècle [6], ne conser-

[1] Page 167.
[2] *Antiquiores consuetudines Cluniacensis monasterii*, li-
ber II, cap. xv.
[3] Dans les *Ordonn. royales*, t. II, p. 350.
[4] Article 244.
[5] *Livre des métiers*, titre LXXXIX, art. 8.
[6] Voy. *Les magasins de nouveautés*, t. III, p. 155 et suiv.

vaient leur forme qu'à force d'empois, de gomme et de cire. Les anciens comptes en font foi :

ANNÉE 1416. A Ysabeau l'ouvrière, pour avoir de la fleur [1], pour l'atour de la royne [2]. — Pour une livre de gosme, pour servir à empeser l'atour de ladite dame.

ANNÉE 1454. Pour une paelle [3] à queue de fer, à faire empoix pour le service de la royne.

ANNÉE 1575. Six livres d'amydon, pour servir à empeser les chemises de Mgr le duc d'Alençon. — Ung quarteron de blanc d'Espaigne, aussi pour servir à empeser [4].

Cette dernière citation nous introduit dans le seizième siècle, où la mode des grandes collerettes tuyautées et celle des fraises go-dronnées assurèrent pour longtemps le triom-phe de l'empois. Henri III, possédé d'un goût invincible pour tout ce qui concernait la toi-lette féminine, jugea un beau jour que l'amidon ne donnait pas aux fraises un maintien suffi-sant; il expérimenta lui-même, et composa un empois plus ferme avec de la farine de

[1] De la fleur de farine.
[2] Isabeau de Bavière.
[3] Une poêle.
[4] Voy. V. Gay, *Glossaire archéologique*, t. 1, p. 29 et **627.**

riz [1]. Les courtisans s'empressèrent d'adopter l'invention de leur digne maître, et l'auteur des *Vertus et propriétés des mignons* n'a pas dédaigné de nous en instruire :

> Leur œil ne se tourne à son aise
> Dedans le replis de leur fraise.
> Déjà le fourment [2] n'est plus bon
> Pour l'empois blanc de leur chemise,
> Et faut, pour façon plus exquise,
> Faire de riz leur amidon [3].

Cet empois, excellent paraît-il, pour donner au linge la raideur exigée, était dur à la peau de ces délicats personnages, aussi le recouvrait-on intérieurement d'une fine batiste. Quelques-uns d'entre eux, ne pouvant souffrir l'odeur de la lessive, ne portaient leur chemise qu'une seule fois; d'autres se bornaient à envoyer blanchir leur linge à l'étranger, dans des pays renommés pour l'habileté des blanchisseurs. Tout ceci nous est révélé dans un édifiant pamphlet, où les mignons sont peints sur nature par un de leurs contemporains qui les a flétris du nom d'hermaphrodites. Écoutez-le :

---

[1] Voy. *Les magasins de nouveautés*, t. I, p. 147.
[2] Le froment.
[3] Lestoile, *Journal de Henri III*, 25 juillet 1576.

Je vis venir un valet de chambre tenant en ses mains une chemise, mais de peur qu'elle ne blessast la délicatesse de la chair de celuy qui la devoit mettre, car l'ouvrage estoit empezé, on l'avoit doublée d'une toille fort déliée. Celuy qui la portoit l'approcha près du feu, que l'on fit faire un peu clair, où après l'avoir tenue quelque espace de temps je vis lever l'hermaphrodite, à qui on osta une longue robbe de soye qu'il avoit, puis sa chemise qui estoit fort blanche. Mais ce que j'ay appris, ils ne laissent pas de changer ainsi en ce pays-là de jour et de nuict; encore y en a il quelques-uns (rares toutefois) qui ne se servent jamais deux fois d'une mesme chemise ny d'autre linge qu'ils ayent, ne pouvant endurer que cela qui les doit toucher ayt esté lescivé. Mais ceux qui ne sont pas du tout si cérémonieux les envoyent blanchir en des contrées loingtaines où ils scavent qu'on a ceste industrie de bien blanchir [1].

Dans la bourgeoisie, au contraire, le linge était le plus souvent lavé à la maison, et avec les soins nécessaires pour en prolonger la durée. Puis, une fois bien repassé, bien plié, bien parfumé, il était rangé dans un placard que dissimulait le haut dossier mobile d'un vaste siège [2]. C'est ce qui fait dire à Gilles Corrozet :

[1] Artus d'Embry, *L'isle des hermaphrodites*, édit. de 1724, p. 13.

[2] Voy. E. Bonnaffé, *Le meuble en France au seizième siècle*, p. 217.

Chaire bien fermée et bien close,
Où le muscq odorant repose
Avec le linge délyé,
Tant souef fleurant, tant bien plyé [1].

Vers la fin du siècle, Olivier de Serres donnait aux bonnes ménagères ces sages conseils :
« Les linges de lict et de table seront raccous-
trés au moindre besoin, prévenant leur ruine
par quelque petite réparation qu'à temps on
leur fera. Seront curieusement reblanchis
estans sales; mais le plus rarement qu'on
pourra, afin de les conserver longuement en
bon estat, car les linges descheent à toutes les
fois qu'ils passent par la lexive. Pour lequel
mal prévenir, afin aussi d'estre bien accom-
modé de linge, comme l'on désire, le seul
moien est d'en avoir à suffisance, dont l'on ne
sera contraint de le blanchir trop souvent [2]. »

Des marchands ambulants parcouraient les
rues, criant des cendres pour la lessive [3], et
les lavandières devaient avoir à leur disposition, depuis bien des siècles sans doute, le fer
destiné à raidir et à plisser l'étoffe. Au sei-

---

[1] *Les blasons domestiques*, édit. de 1865, p. 18 verso.
[2] *Le théâtre d'agriculture et mesnage des champs*, édit.
de 1600, p. 880.
[3] Voy. *L'annonce et la réclame*, p 198.

zième siècle, on conçut l'idée de le faire creux, ce qui permettait d'introduire à l'intérieur, soit des braises incandescentes, soit un saumon de métal porté au rouge. M. de Nieuwer-kerke possédait un fer de ce genre, que Viollet-le-Duc a reproduit dans son *Dictionnaire du mobilier* [1]. J'en ai trouvé au musée de Cluny deux spécimens, dont l'un est du seizième, l'autre du dix-septième siècle [2].

Dans un de ses *Dialogues fort plaisans*, imprimés à Paris en 1608, César Oudin nous montre le valet de don Pierre qui, aidé de la nourrice, reçoit le linge rendu par la lavandière [3]. La scène mérite d'être rapportée :

LE VALET. Mémoire du linge de mon maistre, que la lavandière a receu le dixiesme de mars mil six cents sept. Premièrement, quatre chemises garnies de leurs collets plissez ou fraises.

LA NOURRICE. Les voicy.

LE VALET. Deux draps de lict, deux tayes d'oreillers, deux paires de calsons de toile, trois paires de chaussettes.

---

[1] Tome II, p. 105.

[2] Nᵒˢ 6196 et 6197.

[3] *Dialogues fort plaisans, escrits en langue espagnolle et traduicts en françois, avec des annotations françoises ès lieux nécessaires pour l'explication de quelques difficultez espagnolles. Le tout fort utile à ceux qui désirent entendre ladite langue.* In-8°, p. 18.

LA NOURRICE. Les voicy.

LE VALET. Une douzaine de paires de chaussons.

LA NOURRICE. N'en voicy que huict.

LE VALET. Il en fault[1] donc quatre. J'en demanderay le compte à la lavandière, et si elle les a perdus, il faut qu'elle les paye.

LA NOURRICE. C'est bien à propos. Mais que valent quatre chaussons vieux et tout rompus?

LE VALET. Item, deux coiffes et quatre couvre-chefs, une demie douzaine de mouchoirs.

LA NOURRICE. Voicy tout.

LE VALET. Deux nappes et dix serviettes.

LA NOURRICE. Les voicy.

LE VALET. Trois touailles[2] et un linge à couvrir le fruict, deux collets à fraise avec leurs manchettes.

LA NOURRICE. Tout est icy, il n'y manque rien.

LE VALET. Eh bien, plions le et le mettons au coffre.

On voit que les blanchisseuses ne rendaient pas toujours exactement le linge qui leur avait été confié et que, comme aujourd'hui, elles étaient tenues de payer les pièces perdues.

De même que les savetiers [3], les lavandières eurent l'honneur de figurer dans le *ballet des rues de Paris* qui fut dansé à la Cour vers 1647.

[1] Il en manque.
[2] Serviettes.
[3] Voy. ci-dessous, p. 232.

Le personnage chargé de représenter la corporation récitait ces mauvais vers :

> Si tost que le jour est venu
> Nous allons battre à la rivière,
> Et passons la journée entière
> A savonner gros et menû.
> Nous nous diligentons surtout
> Quand nous approchons du dimanche
> Et nous mettons, pour en venir à bout,
> A toute heure la main au manche [1].

Il est très vrai que, dès le matin, les blanchisseuses allaient ainsi « battre à la rivière. » Le lieutenant de police dut même leur interdire certains endroits tellement contaminés que l'emploi du linge imprégné de ces eaux malsaines pouvait présenter des dangers pour la santé publique. L'ordonnance du 19 juin 1666, renouvelée le 8 juin 1667, le 15 avril 1669 et le 28 août 1777, défend, « à peine du fouet, » aux lavandières de laver en été dans le petit bras de la Seine, entre la place Maubert et le Pont-Neuf, « à cause de l'infection et impureté des eaux qui y croupissent, capables de causer de graves maladies [2]. »

---

[1] P. Lacroix, *Ballets et mascarades de Cour*, t. VI, p. 133.

[2] Delamarre, *Traité de la police*, t. I, p. 557.

Ceci s'adressait surtout aux blanchisseuses de fin. Les autres s'installaient plus bas, sur les berges du Gros-Caillou ou de la Grenouillère [1]. C'est là aussi que travaillaient les entrepreneurs qui passaient des marchés pour le blanchissage des grandes familles. En 1639, Vincent Leure, blanchisseur à la Grenouillère, s'engageait à blanchir pendant un an la Maison du duc de Nemours. Moyennant cent trente-cinq livres par mois, il devait être lavé chaque jour neuf nappes et quarante-huit serviettes, outre le linge de corps provenant de cinquante-quatre personnes composant la suite du prince.

En 1643, le même blanchisseur promettait à Charles-Amédée, duc de Savoie, et à sa femme de blanchir toute leur maison, moyennant cent quatre-vingts livres par mois [2].

Louis XIV avait, pour son linge personnel de corps, deux lavandiers servant par semestre. Leurs gages étaient de 528 liv. 15 sous, et ils se partageaient, au premier janvier, 15 louis d'or offerts comme étrennes. Le blan-

[1] Le quai de la Grenouillère, devenu quai d'Orsay, commençait déjà à la rue du Bac. Le Gros-Caillou était situé à la hauteur de notre pont des Invalides.
[2] *Bulletin de la Société de l'histoire de Paris*, année 1892, p. 41.

chisseur du Dauphin servait toute l'année; il recevait 1600 liv. de gages et 1000 liv. pour sa nourriture. La blanchisseuse de la Dauphine touchait 1400 livres [1].

Au début du dix-huitième siècle, on comptait sur la Seine « quatre-vingts petits bateaux servants aux blanchisseuses, posez le long du cours de la rivière. » Ainsi s'exprime la *table* du plan de Lacaille [2]; mais six seulement de ces bateaux figurent sur le plan. Ils sont amarrés, deux par deux, à l'entrée de la rue des Rats [3], à l'abreuvoir Màcon [4] et à l'entrée de la rue du Pavé [5]. En 1739, on voulut astreindre les blanchisseurs et les blanchisseuses de gros, ceux de la Grenouillère et du Gros-Caillou, alors au nombre de cinq cents environ, à laver également leur linge, non plus sur la berge, mais dans des bateaux spéciaux. Quelques esquifs de ce genre furent disposés au bord du fleuve, et une sentence de la ville taxa le prix de chaque séance à quatre sous

[1] Trabouillet, *État de la France pour* 1712, t. I, p. 205, et t. II, p. 14 et 62.

[2] Publié en 1714. Voy. A. F., *Les anciens plans de Paris*, p. 132 et 142.

[3] Auj. rue de l'Hôtel-Colbert.

[4] Près du pont Saint-Michel.

[5] Devenue rue des Grands-Degrés.

Frontispice des *Ordonnances de Louis XIV* concernant les rivières, etc. Édition de 1676, in-folio.

par tête, auxquels il fallait ajouter un sou
pour la location d'un baquet indispensable.
Les blanchisseuses [1] refusèrent d'obéir, et leur
avocat, maitre Georgeon, rédigea en leur
faveur un assez curieux mémoire [2] que j'ai
sous les yeux. Il démontre d'abord que ses
clientes sont « en possession immémoriale de
blanchir sur les rives de la Seine, depuis le
Pont-Royal jusqu'à la barrière des Invalides ».
Il reproche ensuite au Bureau de la Ville de
n'avoir « fait aucune différence entre le linge
fin qui se blanchit dans l'enceinte de Paris et
le gros linge, à l'usage des bouchers et autres
gens de métier, qui se blanchit à la Grenouillère. » Si la taxe était maintenue, le prix du
blanchissage deviendrait forcément plus élevé,
et il serait à craindre que les Parisiens s'adres-
sassent désormais aux blanchisseurs de Sèvres,
de Saint-Cloud, de Neuilly ou de Surênes, qui
ne sont assujettis à aucune redevance. Et puis,

---

[1] Il parait qu'alors le Gros-Caillou était occupé par les
blanchisseurs et la Grenouillère par les blanchisseuses.
« Quoique l'intérêt des blanchisseurs du Gros-Caillou soit
le même que celuy des blanchisseuses de la Grenouillère, il
ne sera ici néanmoins question que de la cause de ces dernières. » *Mémoire*, etc., p. 2.

[2] *Mémoire pour les blanchisseuses de gros linge à la
Grenouillère, demanderesses, contre Monsieur le Procu-
reur-général, deffendeur.*

« une autre considération, non moins sensible et très importante, est la misère d'une quantité de petit peuple qui habite le quartier de la Grenouillère. Ces pauvres gens, qui n'ont presque pas le moyen de subsister, blanchissent eux-mêmes leur linge. Si le nouvel établissement a lieu, et que les gardes des ports les empêchent, comme ils l'ont fait depuis la sentence du Bureau de la Ville, de blanchir sur le bord de la rivière, les voilà hors d'état d'avoir du linge blanc, car ils n'auront sûrement pas le moyen de payer quatre sols pour avoir place dans les bateaux à blanchir. Cette triste portion du peuple, venant à manquer d'un soulagement si nécessaire à la santé, sera infailliblement exposée à des maladies qui peuvent influer sur le reste de Paris. »

L'affaire fut appelée le 31 août 1740 et, après plaidoiries, les demanderesses obtinrent gain de cause. Grande joie, ce jour-là, à la Grenouillère et au Gros-Caillou. Les blanchisseuses firent chanter à Saint-Sulpice un *Te Deum*, et le soir un feu d'artifice fut tiré dans un des bateaux amarrés à l'intérieur de la ville[1].

---

[1] Note manuscrite sur un exemplaire du *Mémoire*. Voy. à la biblioth. Mazarine le recueil coté A 11,134, 54ᵉ pièce.

On vient de voir que, comme aujourd'hui, il existait une foule de blanchisseurs aux environs de Paris; le public les accusait de remplacer la soude par de la chaux, et de brûler ainsi le linge, de le rendre « dur et désagréable au toucher [1]. » J'ai dit que, dès le seizième siècle, des raffinés faisaient blanchir leur linge à l'étranger, en Hollande surtout [2], luxueuse coutume qui subsistait encore vers la fin du dix-huitième siècle : « les eaux qui filtrent à travers les dunes, disait-on, étant parfaitement douces et claires [3]. » Il y eut mieux encore : « les négociants de Bordeaux envoyaient leur linge à Saint-Domingue, comme ils faisaient faire leurs chemises à Curaçao et raccommoder leurs porcelaines à la Chine. » C'est le comte de Vaublanc qui l'affirme. Il ajoute : « Un grand nombre de personnes arrivées par la flotte avaient rempli Paris d'hommes et de femmes qui portaient le beau linge blanchi à Saint-Domingue; ce linge attirait les regards, ainsi qu'il avait frappé mes yeux en

[1] Abbé Jaubert, *Dictionnaire des arts et métiers*, édit. de 1801, t. I, p. 271.

[2] Voy. de Lery, *Histoire d'un voyage fait en la terre du Brésil*, édit. de 1600, p. 200; édit. de 1611, p. 203.

[3] Abbé Jaubert, t. I, p. 272.

arrivant au cap Français. La reine [1] en entendit parler, et on lui dit qu'une jeune dame, madame la comtesse de *** était entièrement habillée de ce beau linge. Elle désira la voir en particulier, et fut frappée de la beauté du linge. On comparait sa blancheur à la couleur un peu jaune de celui de Paris [2]. »

Nos blanchisseuses, humiliées par la comparaison, s'efforcèrent d'obtenir, elles aussi, un blanc irréprochable, et elles n'y parvinrent qu'au grand détriment du linge qui leur était confié. Lisez ce qu'écrivait Sébastien Mercier vers 1780 :

Il n'y a pas de ville où l'on use plus de linge qu'à Paris. Telle chemise d'un pauvre ouvrier, d'un précepteur et d'un commis passe tous les quinze jours sous la brosse et le battoir, et les huit ou dix chemises du pauvre hère sont bientôt limées, trouées, déchirées, et disparaissent pour les manufactures de papier.

Il faut du papier pour les lettres ministérielles et pour l'impression des opéras-comiques, mais non aux dépens de la chemise du précepteur. Aussi, celui qui n'en a qu'une ou deux, ne les livre pas au battoir des blanchisseuses; il se fait blanchisseur lui-même pour conserver sa chemise. Et si vous en

---

[1] Marie-Antoinette.
[2] *Mémoires*, édit. Barrière, p. 118.

D'après le *Tableau de Paris*, par Sébastien Mercier.

doutez, passez le dimanche dans l'été sur le Pont-Neuf, à quatre heures du matin, vous verrez sur le bord de la rivière, au coin d'un bateau, plusieurs particuliers, qui vêtus à crud d'une redingotte [1], lavent leur unique chemise ou leur seul mouchoir. Ils étendent ensuite cette chemise au bout d'une méchante canne, et attendent pour l'endosser que le soleil l'ait séchée.

D'autres se tiennent au lit jusqu'à ce que la blanchisseuse soit arrivée. Ils ont déjà la tête bien poudrée, mais ils n'ont point encore de linge.

Il n'y a pas de lieu sur la terre, je le répète, où l'on use plus le linge à force de le frotter. On entend à un quart de lieue le battoir retentissant des blanchisseuses; elles font aller ensuite la brosse à tour de bras; elles râpent le linge au lieu de le savonner; et quand il a été cinq ou six fois à cette lessive, il n'est plus bon qu'à faire de la charpie.

Les commis de bureaux, les musiciens, les peintres, les graveurs, les poëtes achètent du drap, du galon et même des dentelles, mais ils n'achètent point de linge. Un beau monsieur ne met une chemise blanche que tous les quinze jours; il coud des manchettes à dentelles sur une chemise sale, saupoudre son col au point qu'en on voit la marque sur son habit de velours. Voilà le Parisien en gros; il paie le perruquier avant tout; il lui faut un perruquier tous les jours, mais la blanchisseuse ne paroît que tous les mois.

La pauvre fille fait de longues remontrances sur

---

[1] La redingote était alors un ample vêtement de dessus.

les chemises délabrées qui vont tomber en loques
sous les coups de battoir; le maître des chemises
trouées temporise, et en sa présence revêt à crédit
un habit de vingt pistoles. Il ne dépensera pas deux
louis chez la lingère; il remettra toujours cette
dépense à l'année prochaine.

Le Parisien qui n'a pas dix mille livres de rente,
n'a ordinairement ni draps de lit, ni serviettes, ni
chemises; mais il a une montre à répétition, des
glaces, des bas de soie, des dentelles; et quand il se
marie, il faut qu'il fasse l'emplette totale du linge,
jusqu'aux torchons. Des ménages qui ne sont pas
dans l'indigence vous donnent bien à dîner, mais
la nappe de table est grossière et rapiécée. Horreur
du linge, voilà la devise du Parisien. C'est appa-
remment parce qu'on le déchire incessamment, et
qu'il redoute le battoir et la brosse des blanchisseuses [1].

L'impérieux besoin que le Parisien avait
de son perruquier tenait au despotisme d'une
mode déjà ancienne, la plus bête peut-être et
certainement la plus sale qui l'ait jamais sub-
jugué [2], celle de la poudre. Il s'en fit, durant
deux siècles, une effroyable consommation.
Tel aristocrate, écrivait encore Mercier, dé-
pensait en farine autant pour ses cheveux que

---

[1] *Tableau de Paris*, chap. 397, t. V, p. 117.
[2] Voy. *Les soins de toilette*, p. 97, et *Les magasins de
nouveautés*, t. II, p. 94.

pour son estomac[1] ; et M. Paul Boiteau, qui a
le tort de ne pas citer ses sources, prétend
qu'en 1789, au moment où le froment était
si rare, l'on transformait chaque année en
poudre à poudrer vingt-quatre millions de
livres d'amidon[2]. Il oublie que l'on en était
arrivé à utiliser pour cette fabrication un
grand nombre de racines, les pommes de
terre, les marrons d'Inde, etc.[3] Les amidonniers-cretonniers n'étaient pourtant qu'au
nombre de trente-cinq ou quarante dans les
dernières années du dix-huitième siècle[4].
Des lettres patentes de mars 1744, enregis-
trées le 12 janvier 1746, les avaient constitués
en corporation. La durée de l'apprentissage
était de deux ans, et l'on n'exigeait point de
compagnonnage. Les fils de maître étaient
dispensés du chef-d'œuvre, qui consistait à
« faire un cent d'amidon. » Il était interdit
aux maîtres de s'établir dans l'intérieur de
Paris, « à cause de l'odeur infecte de leurs
eaux et des matières qu'ils emploient, » aussi

---

[1] *Nouveau Paris*, t. II, p. 156.

[2] *État de la France en* 1789, p. 510.

[3] Voy. Duhamel du Monceau, *Fabrique de l'amidon*,
dans J.-E. Bertrand, t. VIII, p. 453. — Jaubert, t. I,
p. 69.

[4] Hurtaut et Magny, *Dictionnaire de Paris*, t. I, p. 245.

presque tous habitaient-ils les faubourgs Saint-
Victor et Saint-Marcel. L'article 33 de leurs
statuts leur défendait de vendre l'amidon en
poudre [1], même « d'avoir aucun outil ou
ustensile propre à réduire l'amidon en poudre. »
Au reste, un long édit du 19 décembre 1778
régla minutieusement tout ce qui concernait
la fabrication de l'amidon et du creton [2].

Les blanchisseurs de linge, les blanchisseurs de laine, les blanchisseurs de toiles, les
blanchisseurs de bas de soie ne furent jamais
constitués en corporation régulière, et l'édit
de 1776 ne les mentionne pas. Ils avaient
cependant fondé quelques confréries, dont les
unes étaient placées sous le patronage de
saint Maurice, d'autres sous celui de sainte
Marguerite.

Près de la place Maubert et près de l'église
Sainte-Opportune existait jadis à Paris une
rue des Lavandières. Une rue des Blanchisseuses fut ouverte, vers 1810, entre le quai
de Billy et la rue de Chaillot.

---

[1] La vente de la poudre à poudrer était un des mono-
poles de la corporation des gantiers.

[2] On le trouve dans l'*Encyclopédie méthodique*, sciences
et arts, t. I, p. 20.

# LA CORDONNERIE

## CHAPITRE PREMIER

### DU NEUVIÈME AU TREIZIÈME SIÈCLE

Chaussures primitives des Gaulois et des Francs. — Les
chaussures au neuvième siècle. — Caligula et les caliges. —
Les bandelettes. — Les chaussures de Charlemagne et de
son petit-fils. — Les galoches. — Origine des chaussures
terminées en pointe. — Les oignons de Foulques le
Réchin. — Les queues de scorpion, les pigaces. — Les
cornes de bélier et Robert le Cornard. — Les escharpins
et les heuses. — Décadence des pigaces.

La chaussure des Gaulois et des Francs se
modela longtemps sur celle de leurs vain-
queurs. Les souliers du septième siècle, con-
servés dans les églises de Délemont et de
Chelles, représentent assez exactement le
*campagus* romain. Ils sont en cuir noir, l'empeigne recouvre bien le pied, et le quartier
très montant enveloppe bien le talon ; deux
oreillettes, ouvertes de chaque côté du quar-

tier à la hauteur de la cheville, sont destinées à recevoir des cordons. C'étaient là, au reste, des chaussures ecclésiastiques.

Vers le commencement du neuvième siècle, la mode adopta, suivant l'état des personnes, soit des sandales de bois, soit des souliers de cuir, soit des brodequins appelés *caliges*[1] ; c'est même à l'usage habituel de cette chaussure que l'empereur Caius avait dû le surnom de Caligula. Des unes comme des autres, partaient de longues courroies ou bandelettes[2], qui se croisaient, s'entrelaçaient autour de la jambe et montaient parfois jusqu'à la cuisse. Le moine de Saint-Gall, auteur d'une vie de Charlemagne, s'exprime ainsi : « Des courroies longues de trois coudées, des bandelettes de plusieurs morceaux couvrent ses jambes, et par-dessus ces bandelettes, de très longues courroies sont serrées en forme de croix, tant par devant que par derrière[3]. » Plus loin, racontant la chasse à l'auroch que l'empereur organisa pour les envoyés du roi de Perse, il lui met aux pieds des ga-

---

[1] Caligæ.
[2] Fasciolæ.
[3] Monachus Sangallensis, *Gesta Caroli Magni*. Dans le *Recueil des historiens*, t. V, p. 121.

loches [1], chaussure d'origine gauloise, comme l'indique son nom. Bernard, petit-fils de Charlemagne et roi d'Italie, en portait aussi, car en 1639, lorsque son tombeau fut ouvert, la chaussure, demeurée intacte, consistait en souliers de cuir rouge munis d'une semelle de bois.

A part de rares exceptions, la mode ne changea guère durant plusieurs siècles. Nos anciens chroniqueurs fournissent, d'ailleurs, peu de renseignements sur ce point; quant aux images de pierre, bas-reliefs, statues, etc., elles sont, le plus souvent, de beaucoup postérieures aux personnages qu'elles ont la prétention de représenter.

Du neuvième au douzième siècle, la chaussure des classes élevées est faite d'étoffes brillantes qui couvrent et serrent bien le pied. Les classes inférieures se contentent de cuir noir, dont l'éclat est entretenu au moyen du cirage.

Dès la fin du dixième siècle, quelques élégants avaient imaginé les chaussures terminées en pointe. L'innovation était renouvelée des Romains, car Cicéron nous apprend que

---

[1] Galliculæ. — *Ibid.*, p. 125.

son siècle affectionnait fort les souliers à
longue pointe recourbée par le haut. Cette
mode avait passé en Afrique du temps de
Tertullien, qui nomme *uncipedes*, c'est-à-dire
gens à pieds crochus, les personnes chaussées
de la sorte[1].

Tertullien ne prévoyait guère l'avenir réservé à une fantaisie qui l'offensait très fort.
Toutefois, à Paris, l'engouement pour les
souliers pointus ne commença à prendre des
proportions inquiétantes que dans les premières années du onzième siècle. Le chroniqueur Raoul Glaber en rejette la responsa-
bilité sur les Méridionaux, compagnons de
voyage de la reine Constance qui vint en
1006 épouser le roi Robert. « On vit alors,
écrit-il, arriver de l'Auvergne et de l'Aqui-
taine les hommes les plus vains du monde.
Leurs mœurs et leurs vêtements étaient également bizarres. Semblables à des histrions,
ils avaient la moitié de la tête rasée et le menton sans barbe, leurs chaussures et leurs bottes
étaient de forme inconvenante[2]. »

A en croire Orderic Vital, autre historien

---

[1] *Recueil des historiens*, t. XVI, præfatio, p. xix.
[2] *Historiarum libri V.* Dans G.-H. Pertz, *Monumenta
Germaniæ*, t. VII, cap. II.

contemporain, le premier qui exagéra cette
mode étrange ne fut pas un Méridional. La
gloire en revient à un comte d'Anjou, Foulques
le Réchin ou le Hargneux, qui était né .à
Château-Landon. Ce grincheux gentilhomme
avait aux pieds, dit Orderic, des excroissances
vulgairement appelées oignons, et il se fit faire
des souliers énormes, afin de dissimuler cette
infirmité[1]. Comme il était puissant seigneur
et très libertin, on l'imita. Puis, les cordonniers, désireux de satisfaire le goût domi-
nant, donnèrent libre carrière à leur imagi-
nation, et ils eurent l'idée d'attribuer à
l'extrémité de la chaussure la forme d'une
queue de scorpion. Cela fut encore trouvé
charmant; riches et pauvres, tout le monde
en voulut porter de semblables, et les souliers
ornés de cet appendice furent appelés des
*pigaces*[2].

On ne s'en tint pas là. Un certain Robert,
mauvais sujet attaché à la Cour de Guillaume
le Roux, conçut l'heureuse pensée de remplir
d'étoupes ses longues pigaces et d'en tortiller

---

[1] « Ut celaret tubera quæ vulgo vocantur uniones. »

[2] « Unde sutores in calceamentis quasi caudas scorpio-
num, quas vulgo pigacias appellant, fecere; idque genus
calceamenti pene cuncti divites et egeni expetiere. »

la pointe de manière à rappeler une corne de
bélier [1]. Cette invention valut à son ingénieux
auteur le surnom de Robert le Cornard. Presque tous les gentilshommes, conclut Orderic
Vital, s'empressèrent de suivre son exemple,
comme si cette corne eût été une marque de
mérite et une preuve de vertu [2]. Elle s'imposa sous le règne de Louis VI, non seulement
aux hommes, mais encore aux femmes, ce
qui souleva une grande indignation chez les
moralistes de ce temps : « Les femmes, écrit
Guibert de Nogent, ont perdu toute pudeur ;
elles trahissent leur impudicité par leur dé-
marche, par le luxe de leurs vêtements, par
leurs chaussures de cordouan [3] aux pointes
tortillées [4]. »

De la même époque datent les chaussures
légères, à quartier très bas, destinées à être
utilisées dans l'intérieur seulement, et qui
furent nommées *escharpins*, mot dont nous
avons fait *escarpins*. Enfin, apparaissent les

---

[1] « Prolixias pigacias primus cœpit implere stuppis, et
hinc inde contorquere instar cornu arietis. »

[2] Orderic Vital, *Historia ecclesiastica*, lib. VIII, édit.
Géraud, t. III, p. 323.

[3] Voy. ci-dessous.

[4] « ... Calceorum de Corduba rostra torticia. » *Opera*,
édit. de 1601, p. 467.

*heuses* ou *huèses,* bottes en cuir mou à l'usage des hommes.

Le premier triomphe des pigaces fut court. Tout le monde s'accordait bien à trouver du meilleur goût les pointes terminées en corne de bélier, mais on finit par reconnaître qu'elles rendaient les chaussures lourdes et ne facilitaient pas précisément la marche. Dès le règne de Louis VII, successeur de Louis VI, on en revint aux souliers ronds, sans toutefois bannir tout à fait les pigaces. Nous les retrouverons sous un autre nom au siècle suivant.

# CHAPITRE II

## DU TREIZIÈME AU SEIZIÈME SIÈCLE

## I

### LES CHAUSSURES.

Jean de Garlande. — Les souliers à lacets et les souliers à boucles. — La liripipe. — Les estivaux. — Les souliers de cuir bouilli, de cuir de vache, etc. — Citation d'Eustache Deschamps. — Les bottes, les bottines, les brodequins. — Le *Roman de la rose.* — Les bottes fauves. — Les bottes à créperon. — Les heuses ou huèses. — Les houseaux. — Les houseaux de Jeanne d'Arc. — Un conte des *Nouvelles nouvelles.* — Les houseaux de Villon.

— L'impôt des huèses le roi. — Les chausses semelées.
— Les galoches. — Les patins. — Les pantoufles. — Les
escarpins. — Les escafignons. — Les bobelins. — Les
chaussures à poulaine. — Origine de ce nom. — Différentes espèces de poulaines. — Les chaussures de couleurs dépareillées. — Les poulaines anathématisées par
l'Église et interdites par le roi. — Fin des poulaines.
Elles sont remplacées par des chaussures camardes. —
Les chaussures en bec de canard. — Les chaussures en
raquette.

Jean de Garlande, qui écrivait vers 1250,
désigne parmi les chaussures alors en usage :

Sotulares ad laqueos.
    —      ad plusculas.
    —      cum liripipiis.
Tibialia.
Cruralia.
Crepitas femineas et monacales [1].

Et, comme nous allons le voir, les Parisiens en portaient encore bien d'autres.

Occupons-nous d'abord de celles qui viennent de nous être signalées.

Les souliers à lacets (*sotulares ad laqueos*)
ou à courroies étaient peut-être un souvenir
des anciennes *fasciolæ*. J'ai trouvé un statut
de 1325 qui interdit au clergé de l'église
Notre-Dame de porter des souliers à lacets ou

---

[1] *Dictionarius*, édit. Scheler, p. 23.

des caliges d'une autre couleur que le noir[1].

Les souliers à boucles (*ad plusculas*) étaient d'un emploi beaucoup plus fréquent que les souliers à lacets. Il existait au treizième siècle une communauté ouvrière, celle des *boucliers*, qui avaient le monopole de la fabrication des boucles en archal, en cuivre ou en laiton[2], et les orfèvres fabriquaient des boucles en argent à l'usage des gens riches. On trouvait aussi chez les merciers, qui alors vendaient de tout, des

> Boucletes à metre en solers[3].

Quant à la *liripipe* ou *leer pyp*, mot flamand qui signifie tuyau de cuir[4], c'est le nom qu'avait pris, vers la fin du règne de Philippe-Auguste, l'ancienne pigace, fort diminuée de volume. Lorsqu'en 1215, le cardinal Robert de Courson donna des statuts à l'Université de Paris, il défendit aux professeurs de porter des souliers à lacets ou à liripipe : « Sotulares

---

[1] « Sotulares ad laqueos seu caligas alterius coloris quam nigri. » *Cartulaire de Notre-Dame*, t. III, p. 415.

[2] *Livre des métiers*, titre XXII.

[3] *Le dit d'un mercier.* Voy. *Les magasins de nouveautés*, t. I, p. 5.

[4] Quicherat, *Histoire du costume*, p. 199. Mais voy. A. Scheler, *Lexicographie latine du treizième siècle*, p. 43.

non habeant sub cappa rotunda laqueatos, nunquam liripipiatos[1]. »

Les estivaux (*tibialia*) et les heuses (*cruralia*) étaient des chaussures exclusivement masculines.

Il faut sans doute reconnaître dans les estivaux de fines bottines, peut-être de légères bottes molles ; l'étymologie semble bien, en tout cas, indiquer qu'il s'agit d'une chaussure d'été. L'emploi en était moins général que celui des souliers. Ainsi, durant l'année 1351-52, Guillaume Loisel, cordonnier royal, fournit au roi Jean trois paires d'estivaux et vingt-quatre paires de souliers[2].

Il livra encore :

Au Dauphin, 11 p. d'estivaux et 62 p. de souliers.
Au duc d'Orléans, 5 p. d'estivaux et 41 —
Au comte d'Anjou, 5 p. — 55 —
Au comte de Poitiers, 2 p. — 37 —
Au duc de Touraine, 2 p. — 29 —

Le prix des estivaux varie entre 16 et 32 sous la paire, celui des souliers entre 3 et 4 sous la paire. Ceux qui sont destinés au comte de Poitiers, alors âgé de onze ans à peine, ne coûtent même que 32 deniers[3].

---

[1] Ducange, *Glossaire,* au mot liripipium.
[2] « De sollers. »
[3] *Compte d'Étienne de la Fontaine,* p. 140.

Les souliers étaient portés par les deux
sexes, et il en existait une grande variété.
Dans les comptes de cette époque, je trouve
mentionnés, outre les souliers à lacets et à
boucles, des souliers découpés, fourrés, esco-
letés, escorchiés, de cuir bouilli, de cuir de
vache, etc. On les teignait en noir, en blanc
et en rouge, ce qui explique l'interdiction
faite en 1325 au clergé de la cathédrale. Dans
son *Miroir du mariage*, Eustache Deschamps
énumère ainsi les différentes sortes de souliers qu'une femme pouvait désirer :

Chaussement te faut et solers [1]
Pour les venues, pour les alers,
De blanc, de noir et de vermeil,
L'un de blanc, l'autre despareil [2].
Qu'ils soient faits, comment qu'il prangne,
Estroiz, escorchiez, à poulaine
Ronde, déliée et aguë,
Tant qu'om la voye par la rue.
Aucune foiz soient à las [3],
A bouclettes, puis hauls, puis bas,
Selon l'esté ou les hyvers,
Et la saison des temps divers.
Faut chauces et cotte hardie

[1] Souliers.
[2] D'autre couleur.
[3] A lacets.

Courtelette, afin que l'on die :
Vezlà biau piet et faiticet[1].

On voit aussi mentionnés à cette époque
des bottes, des bottines et des brodequins.
Tous trois étaient à l'usage des hommes et
des femmes. Dans le *Roman de la rose*, l'amant
promet à la vieille, si elle apporte une bonne
nouvelle, un chaperon à fourrure grise et des
« botes à sa devise[2]. » Le même poème nous
apprend que les élégantes portaient des bottines très fines et qui moulaient exactement
leur petit pied ; elles ne négligeaient même
pas de relever un peu leur robe afin de mieux
montrer leur étroite chaussure. La jeune et
jolie femme, y est-il dit,

.....marche joliettement
Sur ses élégantes bottines,
Qu'elle aura fait faire si fines,
Ses pieds moulant si bien à point
Que de plis on n'y trouve point.
Et si sa robe traîne à terre
Sur le pavé, que par derrière
Elle la lève, et par devant,
Comme pour prendre un peu de vent ;

[1] Voilà un pied beau et bien fait. — Édit. Crapelet,
p. 213.
[2] Édit. elzév., vers 1599 et 1600, t. III, p. 320.

> Ou, comme sait si bien le faire,
> Pour démarche avoir plus légère,
> Se retrousse coquettement
> Et découvre son pied charmant,
> Pour que chacun, passant la voie,
> La belle forme du pied voie [1].

Au quinzième siècle, les damerets se chaussaient, mais un seul pied, d'une « botte fauve. » Villon parle des jeunes gens

> Chaussans sans meshaing [2] fauves bottes [3].

Ce fut alors le dernier mot de l'élégance et de la galanterie. Parfois, cette botte était fermée avec « des esguillettes verdes [4], » ce qui permet de supposer qu'elle ressemblait fort à une bottine.

En 1387, Jean de Saumur, cordonnier de Charles VI, fournit au roi « vingt-une douzaines et quatre paires de bottines haultes, plaines, découppées, escorchées et noires. » Il livrait en même temps à la reine, outre dix douzaines et dix paires de souliers, « deux

---

[1] Ibid., t. III, p. 249.

[2] Sans douleur, sans difficulté, parce qu'elles étaient en cuir souple.

[3] *Grand testament,* avant-dernière ballade, édit. de 1877, p. 122.

[4] Voy. Martial de Paris, *Arrêts d'amour,* 5e arrêt, édit. de 1731, t. I, p. 68.

paires de haultes bottes, doublées de toilles de Reims. » Les souliers du roi étaient payés quatre sous la paire, ceux de la reine cinq sous, les bottines du roi six sous, les hautes bottes de la reine seize sous [1].

L'on nommait bottes à creperon (*crepitæ*), certaines chaussures à l'usage des femmes et des ecclésiastiques. Leur nom vient de ce qu'elles criaient sous le pied pendant la marche [2].

Les bottes « à relever de nuit » étaient des chaussures fourrées qui excluaient ordinairement toute élégance. Les religieuses surtout s'en servaient durant les longs offices nocturnes, pour tempérer les rigueurs de l'hiver dans les églises peu ou point chauffées [3].

Les heuses ou huèses (*cruralia, osa, hosa, hossa*, etc.) paraissent avoir été des bottines montant très haut et moins épaisses que les houseaux. Mais les deux mots étaient souvent pris l'un pour l'autre. Les houseaux représentaient surtout des bottes de fatigué, que l'on portait à cheval aussi bien qu'à pied, et

---

[1] *Compte de Guillaume Brunel*, p. 232.

[2] « Quia crepitatur in ambulando, » dit Ducange, au mot crepita.

[3] Voy. *Les magasins de nouveautés*, t. II, p. 26.

qui étaient communes à toutes les classes,
aux nobles comme aux vilains; seulement,
ceux-ci se contentaient de cuir de vache,
tandis que les autres voulaient du cordouan
et le faisaient teindre en rouge.

Jeanne d'Arc avait porté des souliers lacés
à fortes semelles et des houseaux; l'article 12
de l'acte d'accusation dressé contre elle lui en
fit un crime [1]. « Heuses, dit un manuscrit du
quinzième siècle, sont faites pour soy garder
de la boe [2] et de froidure quand l'on che-
mine par pays, et pour soy garder de l'eauë [3]. »
Dans les *Cent nouvelles nouvelles* [4], on trouve
l'histoire d'un méchant seigneur qui cherche
à violenter une jeune villageoise. Celle-ci,
surprise en pleine campagne, imagine un
adroit subterfuge pour sauver sa vertu :
« Monseigneur, dit-elle, je vous requiers,
puisqu'il faut que vous obéisse, que je ne soye
souillie [5] par vos houseaulx qui sont gras et
ors [6]. » — Je suis tout prêt à les retirer, mais
comment faire ? répond le seigneur. — « Je

---

[1] Voy. Quicherat, *Procès de Jeanne d'Arc*, t. I, p. 220.
[2] Boue.
[3] Ducange, au mot hossa.
[4] Vingt-quatrième nouvelle : *La botte à demy.*
[5] Souillée.
[6] Sales.

vous les osteray très bien, s'il vous plaist,
dit la belle fille ; car, par ma foy, je n'au-
roye cueur ne couraige de vous faire bonne
chière avec ces paillars[1] houseaulx. » Le
comte s'assied sur l'herbe et tend sa jambe
à la villageoise qui, non sans peine, tire à
demi un des houseaux. Puis elle se sauve
« tant que piedz la peut porter, » laissant là
le traitre seigneur tout ahuri et bien empêché
de la poursuivre. De ce très moral récit, il
appert d'abord que l'on doit éviter de violenter une jeune fille, tant jolie soit elle ;
ensuite que l'on portait au quinzième siècle
des houseaux tellement justes qu'il fallait l'aide
d'un valet pour les retirer.

Il existait aussi des houseaux qui ne cou-
vraient que la jambe, du genou au cou-de-
pied. Villon en cite dans son testament :

Et mes housaulx sans avant piedz[2].

Plusieurs des métiers voués au travail du
cuir, les cordonniers, les savetonniers, les
selliers, les lormiers, payaient tous les ans une
redevance dite des *huèses du roi*, qui était cen-

---

[1] Dégoûtants.
[2] *Petit testament*, § XXI, p. 14.

sée destinée à l'achat des chaussures royales [1].

Par les grands froids, et aussi pour sortir du lit, l'on passait des bas auxquels avaient été adaptées des semelles, et qui étaient dits chausses semelées [2]. Villon en portait même avec ses houseaux :

> Bonnets courts, chausses semelées
> Taillées chez mon courdouennier,
> Pour porter durant les gelées,

écrit-il dans son testament.

Voici la liste des chaussures fournies au roi Jean pendant l'année 1396 :

131 paires de chausses semelées, brodées, tant blanches comme noires et rouges, à longues poulaines de balcines.

189 paires de sollers, tant blans, rouges comme noirs, decoppez et escorchiez.

109 paires de botines blanches, noires et rouges, decoppées et escorchiiez.

2 paires de haultes botines.

8 paires de houseaulx.

1 paire de demi-houseaulx.

6 paires de haultes botes à relever de nuit.

1 paire de courtes botes à relever [3].

---

[1] *Livre des métiers*, titres 84, 85, 78 et 82. — Sur l'origine de cet impôt, voy. *Les chirurgiens*, p. 221.

[2] Au moyen âge, le mot *chausses* désigne toujours des bas. Voy. *Les magasins de nouveautés*, t. I, p. 68.

[3] *Compte royal de Charles Poupart.* Dans V. Gay, p. 355.

Des galoches (*gallicæ*, *galliculæ*) à épaisse semelle de bois protégeaient au besoin les chaussures légères et même les chausses semelées.

Aux galoches on substituait parfois des *patins* sans empeigne et à haute semelle de bois garnie de clous. Des statuts de 1259 défendent aux chanoines d'Aix de pénétrer dans l'église ou dans le cloître ayant aux pieds « patinos sive soccos [1] ferratos, strepitum magnum facientes [2]. »

Le patin permettait un emploi fréquent de la pantoufle, dite en latin *subarus*, chaussure distincte de l'escarpin appelé *scarpus* [3].

Je crois bien que l'escafignon était aussi une sorte de pantoufle, mais je n'oserais l'affirmer. En tout cas, il faut y voir une chaussure très large si l'on adopte l'étymologie la plus vraisemblable, le mot latin *scapha*, qui signifiait barque. C'est l'opinion de Littré [4], ce n'est pas celle de Ducange [5].

Les bobelins étaient des chaussures rustiques, à forte semelle. Nous verrons plus loin

---

[1] Origine de notre mot socques.
[2] Dans Ducange, au mot patinus.
[3] Voy. ces deux mots dans Ducange.
[4] Au mot escafilotte.
[5] Au mot scafones.

les savetiers prendre le titre de bobelineurs.

Toutes ces chaussures se terminaient en pointe, et presque toutes, y compris les patins et les galoches, portaient à leur extrémité un ornement qui avait succédé à la pigace et à la liripipe, et qui en dérivait. C'était la poulaine. Les hommes, dit le continuateur de Guillaume de Nangis, avaient des chaussures dont le bout figurait une longue corne, que l'on appelait une poulaine [1]. Il est donc permis de croire que cette mode insensée n'avait pas pris naissance chez nous, car en vieux français la Pologne se nommait Poulaine. Et puis, quand cette extravagante invention passa la Manche, les Anglais appelèrent les chaussures cornues *cracowes,* c'est-à-dire des cracovies.

Les poulaines se prêtaient à mille combinaisons. Les unes continuaient la semelle, de manière à fouetter le sol lorsqu'on marchait ; d'autres se relevaient en pointe, et étaient terminées soit par un grelot, soit par un bec d'oiseau ; d'autres même se recourbaient sous le pied « comme les ongles des griffons, » ce qui devait rendre la marche impossible ; ces dernières n'étaient sans doute utilisées que

---

[1] « Quæ quidem rostra poulenas gallice nominabant. » Édit. Géraud, année 1365, t. II, p. 368.

par les cavaliers. Les poulaines en vinrent à prendre de telles proportions qu'on dut les soutenir par une chaîne qui s'attachait au genou. En général, écrit Monstrelet, elles mesuraient « un quartier de long, voire plus [1], » ce qui suppose une longueur moyenne de cinquante centimètres.

Les élégants du quatorzième siècle trouvèrent encore le moyen d'ajouter au ridicule des poulaines, en donnant à chacun de leurs souliers une couleur différente; si celui de gauche était noir, celui de droite était rouge. Le tout harmonisé tant bien que mal avec la couleur des chausses, qui devait varier pour chaque jambe.

Le nom des poulaines n'apparaît guère avant 1340, et c'est vers 1430 qu'elles atteignent leur plus grand développement. Elles avaient, dans l'intervalle, subi bien des assauts sans faiblir. Les évêques les condamnaient comme « une difformité imaginée en dérision de Dieu et de la sainte Église, par vanité mondaine et folle présomption [2]. » Le pape Urbain V et le roi Charles V unirent leurs efforts pour arrêter un tel scandale. Une

[1] *Chroniques*, édit. de 1572, t. III, p. 130.
[2] Voy. Delamarre, *Traité de la police*, t. I, p. 387.

ordonnance du 9 octobre 1368, dont le texte intégral n'a pas été conservé, défendit à toute personne, homme ou femme, de porter des poulaines et à tout cordonnier d'en fabriquer [1], et cela sous des peines très sévères [2]. Le blâme de l'Église et les menaces du roi eurent le même sort, les poulaines triomphèrent des anathèmes et des persécutions [3]. Il est d'ailleurs bien entendu que, durant ce temps, les gens raisonnables continuaient à porter des estivaux, des souliers, des heuses pointus du bout, mais proportionnés à leur pied et de couleur identique à droite et à gauche.

Le quinzième siècle va enfin nous délivrer des poulaines, encore sera-t-il déjà avancé quand cette révolution s'accomplira. En 1470, les cordonniers eux-mêmes semblent prêts à les dénigrer [4]. Pourtant, on ne les abandonna qu'à grand regret; mais il fallait bien, quoi

---

[1] « Quod nullus vir vel mulier audeat portare in suis estivalibus, sotularibus, vel botinis punctas dictas de Polayna. » Ducange, au mot polayna.

[2] Voy. Christine de Pisan, *Vie de Charles V*, édit. Michaud, p. 627. — Guillaume de Nangis, t. II, p 368.

[3] Voy. *J. Cinnami historiarum libri sex*, édit. de 1670, p. 302 et suiv.

[4] Voy. Martial de Paris, *Arrêts d'amour*, 42e arrêt, t. II, p. 401.

qu'on en eût, sacrifier une mode qui datait de deux siècles. Elle fut si regrettée que, cent ans plus tard, on citait encore, comme un âge béni, celui sur lequel elle avait régné, et que l'on disait volontiers : Du temps que l'on portait souliers à la poulaine, tout était pour le mieux dans le meilleur des mondes [1].

Fait très fréquent dans son histoire, la mode exagéra presque subitement en sens contraire. Les chaussures pointues devinrent camuses au point de pouvoir être comparées à un bec de canard ; ce sont celles que l'on porta sous Louis XI. Puis elles s'élargirent si bien qu'elles en arrivèrent à former une sorte de raquette énorme ; ce sont celles que représentent les portraits de Charles VIII, de Louis XII et des Valois-Angoulême. « Et, écrit Paradin, quand les hommes se faschèrent de ceste chaussure aiguë qu'on nommoit la polaine, l'on fit d'autres souliers qu'on nommoit à bec de cane, ayans un bec devant de quatre ou cinq doigts de longueur. Depuis, furent faites des pantoufles si larges devant, qu'elles excédoyent de largeur la mesure d'un bon pied [2]. » De cette époque,

---

[1] Voy. Noël du Fail, *Propos rustiques*, chap. VI, édit. elzév., t. I, p. 46.

[2] G. Paradin, *Histoire de Lyon*, p. 272.

D'après Jacquemin.

date le proverbe : « Être sur un bon pied dans le monde[1]. »

## II

### L'INDUSTRIE DES CHAUSSURES

Métiers qui se partageaient l'industrie des chaussures. Les CORDONNIERS. Qu'était-ce que le cordouan? — Usage de baiser la jambe et le pied d'un supérieur. — Statuts des cordonniers : Achat du métier. Travail à la lumière. Apprentis. Service du guet. Fabrication. — Nombre des cordonniers. — Les ordonnances de 1348 et de 1372. — L'épidémie de 1418. — Les cordonniers de Charles VII et de Louis XI. Les SUEURS. Étaient-ils des couseurs ou des tanneurs? — Constitués en corporation dès le douzième siècle. — Leur nombre. — Ils sont réunis aux cordonniers. Les SAVETONNIERS. Leur spécialité. — Leur divers noms. — Leurs statuts : Achat du métier. Apprentis. Travail à la lumière. Veuves. — Leur nombre. — Qu'était-ce que la basane? — Nouveaux statuts. — Ils sont réunis aux cordonniers. — La rue aux petits souliers. Les SAVETIERS. Leur spécialité. — Leurs divers noms. — Constitués en corporation dès le douzième siècle. — Leurs statuts : Achat du métier. Mention du *pour-boire*. Le chef-d'œuvre. — Leur nombre. Les GALOCHIERS. — Les SABOTIERS. — Les PATINIERS. — Les FAISEURS DE CHAUSSONS. — Les DAUDROYERS.

Au treizième siècle, la confection des chaussures était le monopole de quatre corps d'état

---

[1] Voy. Leber, *Pièces relatives à l'histoire de France*, t. X, p. 428.

bien distincts, ayant chacun sa spécialité, son organisation, ses statuts particuliers.

C'étaient :

1° Les *cordouanniers*, qui utilisaient surtout le cuir dit *cordouan*.

2° Les *sueurs*, chargés soit de coudre les chaussures taillées par les cordouanniers, soit de faire subir au cuir un dernier apprêt.

3° Les *savetonniers*, qui ne mettaient en œuvre que la basane.

4° Les *savetiers*, qui ne faisaient que les raccommodages.

Pour ne rien négliger, on pourrait ajouter à cette liste les *galochiers*, les *patiniers*, les *sabotiers* et même les *baudroyers*. Ces derniers corroyaient les cuirs épais destinés à devenir de fortes ceintures ou des semelles de souliers.

Avant de m'engager dans ce chapitre, je dois prévenir qu'il sera d'une lecture un peu ardue, et j'en demande bien pardon à mes lecteurs. Mais je les prie de considérer, d'abord qu'il était ici indispensable, ensuite que, sous peine de le laisser incomplet, on ne pouvait guère le rendre attrayant. Ce n'est, après tout, qu'une quinzaine de pages à feuilleter... ou à passer.

Les CORDOUANNIERS devaient leur nom à l'espèce de cuir qu'ils employaient le plus, le cordouan, peau de chèvre apprêtée suivant des procédés spéciaux [1]. Le secret de cette préparation avait été apporté en Espagne par les Arabes, et dès le temps de Charlemagne, Cordoue fournissait à l'Europe occidentale le cuir utilisé pour les chaussures de luxe [2]. Le nom de cordouan s'appliqua à toutes les imitations de ce cuir aussi longtemps que les Arabes eurent une industrie en Espagne. Plus tard, on acheta ces mêmes peaux sur les côtes de la Barbarie et sur celles du Maroc, ce qui fit changer leur nom en celui de maroquin. Quelques villes du midi, Toulouse et Montpellier entre autres, puis la Flandre parvinrent à fabriquer du cordouan aussi beau que celui d'Espagne, ce qui permit d'en généraliser l'usage.

Le cordouan était dit en latin aluta, d'où la qualification d'alutarii donnée aux cordouanniers par Jean de Garlande [3]. Ils eurent bien d'autres noms encore, car voici les différentes formes que j'ai rencontrées :

[1] Voy. Ducange, au mot cordebisus.
[2] Voy. l'art. 162 de l'ordonnance du 30 janvier 1350.
[3] Dictionarius, p. 24.

Carduanarii.
Cordanarii.
Cordebanarii.
Cordoanerii.
Cordoenarii.
Cordones.
Corduarii.
Cordubanarii.
Cordubanasii.

Cordubenarii.
Cordubones.
Cordularini.
Corversarii.
Sutores.
Sutores vaccæ.
Sutorii.
Vacarii.

Le mot cordouan désignait parfois toute sorte de chaussure. Ainsi, dans le roman de Huon de Bordeaux[1], quand reviennent les messagers envoyés par Charlemagne, ils lui annoncent la prochaine arrivée de Huon et de Gérard, qui sont prêts à le servir avec obéissance, et ils lui disent :

> Serviront vous de gré et volentiers,
> Et baiseront vo cordewan caucier[2].

Il faut se rappeler que c'était un très ancien usage chez les Francs de baiser la jambe et le pied du chef à qui l'on adressait une demande ou de qui l'on implorait une grâce. Cette coutume s'est même perpétuée jusqu'au dix-septième siècle[3].

Vers 1268, les cordouanniers revisèrent

---

[1] Treizième siècle.
[2] Edit. Guessard, vers 436 et 437, p. 14.
[3] Voy. *Les soins de toilette*, p. 82.

d'anciens statuts et les soumirent à l'homologation du prévôt Étienne Boileau[1]. L'organisation de cette importante communauté nous
est donc connue dans ses moindres détails[2].

Le roi avait cédé les revenus du métier à
son chambellan et à son chambrier ; c'était
donc à ceux-ci que les ouvriers achetaient le
droit de s'établir. Ils le payaient seize sous,
dont dix revenaient au chambellan et six au
chambrier.

Une fois la somme versée, le nouveau
maître jurait, en présence du chambellan, que
« le mestier feroit bien et loiaument. »

Durant les grandes foires de Saint-Ladre et
de Saint-Germain, les cordouanniers devaient,
pour le loyer de la place qu'ils occupaient, un
impôt fixé à deux deniers par douzaine de
souliers vendue[3]. L'ensemble des maîtres
payait, en outre, trente-deux sous par an
pour la redevance dite des *Huèses du roi*[4].

---

[1] Voy. *Le livre des métiers*, titre LXXXIV.
[2] Sur ce sujet, sur l'achat du métier, l'apprentissage, le
service du guet, les jurés, etc., tous faits que je ne puis
développer ici, voy. *Comment on devenait patron.* — Sur
les cessions de revenus aux grands officiers de la couronne,
voy. *Les chirurgiens*, p. 217 et suiv.
[3] Article 15.
[4] Article 13, et voy. ci-dessus, p. 178 et 180.

Chaque maître pouvait avoir autant d'apprentis qu'il voulait, et régler à son gré les conditions de l'apprentissage [1].

Le travail à la lumière était interdit aux cordouanniers, sauf pour le roi, pour la reine et la maison royale, sauf aussi pour eux-mêmes et leur famille [2].

Tout cordouannier devait cesser de travailler le samedi à six heures du soir, « au darrenier cop de vêpres sonné en la parroisse où il demeure [3]. »

Les maîtres étaient astreints au service du guet. Ils prétendaient toutefois que, sous saint Louis, la reine Blanche « à qui Diex face merci, » leur avait accordé le droit de se faire remplacer par un de leurs ouvriers ou de verser une amende de douze deniers [4].

Le métier était régi par trois jurés, que le chambellan « mest et oste à son plésir [5]. »

Les règles relatives à la fabrication étaient très strictes :

[1] Article 8.

[2] « Nus cordouanniers de Paris ne puet ne ne doit ouvrer puis que chandeles seront alumées, ce ce n'est en l'euvre le Roy et la Reine ou pour leur gent, pour leurs meesmes ou pour leur meniée. » Article 7.

[3] Article 3. — Voy. *La mesure du temps*, p. 7.

[4] Article 20.

[5] Article 17.

Les cordouanniers ne devaient jamais employer le cordouan tanné[1], car le vrai cordouan était alors apprêté, non avec du tan, mais avec de la galle.

Ils pouvaient faire des souliers de basane, pourvu que ceux-ci fussent, en longueur et en hauteur, plus grands que les souliers dont le privilège appartenait aux savetonniers[2]. Il leur était interdit de mélanger le cordouan et la basane, excepté pour les contreforts[3]; de mettre en œuvre du cuir neuf avec du vieux[4], et d'exposer en vente des marchandises d'occasion, mêlées avec des marchandises neuves[5].

Ils n'avaient le droit de vendre que chez eux, « en leur otieux; » sauf le samedi où, comme les autres métiers, ils se rendaient à leur place ordinaire des halles. La veille de Pâques et la veille de la Pentecôte, ils pouvaient aussi étaler sur le pont au Change[6].

La *Taille de* 1292 nous apprend qu'il y avait

---

[1] « Nus cordouanniers de Paris ne puet ouvrer de cordouan qui soit tannez, car l'euvre seroit fausse et doit estre arse. » Article 6.

[2] Article 4.

[3] Article 5.

[4] Article 9.

[5] Article 11.

[6] Article 11.

alors à Paris 226 cordouanniers. La *Taille de* 1300 en mentionne 275.

L'ordonnance du 30 janvier 1350 [1] autorisa les cordouanniers à employer désormais les cordouans de Flandre, reconnus « bons, loyaux et profitables. » Ils avaient été interdits jusqu'alors, parce qu'ils « estoient partie courroyez en tan [2]. » L'occasion de cette ordonnance fut la terrible peste de 1348, qui avait déterminé un renchérissement considérable sur la main-d'œuvre et les marchandises ; le roi se décida à en fixer lui-même le prix. C'est ainsi qu'il défendit de vendre les meilleurs souliers plus de quatre sous, les souliers destinés aux clercs et aux bourgeois plus de deux sous et quatre deniers, les souliers de femme plus de deux sous [3]. Comme il était facile de le prévoir, les cordonniers limités pour le prix cherchèrent à se dédommager sur la qualité, et l'ordonnance du 13 juillet 1372 [4] dut stipuler que tout cuir avant d'être employé serait visité et marqué d'un fer spécial par deux

---

[1] Dans les *Ordonn. royales*, t. II, p. 350.

[2] Article 162.

[3] Sur la valeur relative des monnaies à cette époque, voy. *Comment on devenait patron*, p. 119.

[4] Dans les *Ordonn. royales*, t. XVI, p. 657. Confirmée en 1467.

maitres cordouanniers, deux maitres baudroyers et deux maitres sueurs; car, dit l'ordonnance, «jaçoit que le cuir soit bien tanné,
s'il n'est bien corroyé il tient et boit l'eau, si
que nul ne peut avoir le pied sec dedans les souliers qui en sont faits; et quand le cuir est
bien corroyé, l'eau ne peut les transpercer. »

En somme, le métier était bon et les bras ne
manquaient pas, puisque, s'il faut en croire le
*Journal d'un bourgeois de Paris*, pendant les
mois d'octobre et de novembre 1418, l'épidémie régnante enleva dix-huit cents cordonniers, « tant maistres que valets [1]. » Ce qui
n'empécha pas la corporation de constituer à
elle seule une compagnie quand Louis XI (1467)
enrégimenta les métiers de Paris [2].

J'ai déjà signalé le peu de confiance que le
cordonnier de Charles VII témoigna à son royal
client durant des années de gêne où il n'était
encore que le *roi de Bourges*. On apporte des
bottes à Sa Majesté, qui se met en devoir de
les essayer. Mais le fournisseur apprend alors
qu'il ne sera pas payé comptant; il se fait

---

[1] Édit Tuetey, p. 116.
[2] Dans les *Ordonn. royales*, t. XVI, p. 671. — Sur cette
ordonnance, voy. A. F., *Les armoiries des corporations ouvrières*.

rendre les bottes, les emporte, et Charles VII
remet ses vieilles chaussures[1]. Louis XI ne
connut jamais misère pareille, mais il était
avare. Son cordonnier répondait au nom peu
gracieux de Verrat, et en 1468, on lui paya
cinq sous tournois, « pour une paire de semelles mises à des bottines[2]. »

Les Sueurs[3] ont une histoire fort obscure.
Suivant quelques auteurs, ils cousaient les
chaussures taillées par les cordonniers. Suivant d'autres, ils faisaient subir au cuir, après
le tannage, une dernière préparation, en y
ajoutant le suin et la graisse. Ce qu'il y a de
certain, c'est que, dès le douzième siècle, ils
formaient une corporation spéciale. En effet,
Louis VII, par une charte de 1160, concéda à
une femme Thece, épouse d'Yves La Cohe, la
propriété héréditaire, c'est-à-dire les revenus
et la justice professionnelle de ce métier[4]. Au
treizième siècle, ils appartenaient à la famille
Marceau Le Maistre, et vers la fin du quatorzième à celle des Chauffecire. Ces familles
faisaient percevoir leurs droits par un manda-

---

[1] *Procès de Jeanne d'Arc*, t. IV, p. 325.

[2] *Compte de Sextre*, argentier du roi. Dans J. Labarte,
*Histoire des arts industriels*, t. II, p. 26.

[3] *Sueores, suerii*, dit Ducange.

[4] J'ai publié cette charte dans *Les chirurgiens*, p. 252.

taire qui portait le nom de *maître des sueurs*.

Les sueurs ne soumirent pas leurs statuts à l'homologation d'Étienne Boileau. Ils étaient cependant au nombre de 25 en 1292 et de 27 en 1300[1]. Comme presque toutes les communautés vouées au travail du cuir, ils jouissaient du droit de hauban[2].

La corporation des sueurs fut réunie à celle des cordonniers, et ces derniers sont dès lors souvent qualifiés de cordonniers-sueurs. Mais à quelle époque eut lieu cette fusion? Sans doute vers le milieu du quinzième siècle. L'ordonnance du 6 août 1345 vise encore les baudroyers, les corroyeurs, les cordonniers et les sueurs[3]; mais ces derniers sont passés sous silence par l'ordonnance de juin 1467[4], qui rassembla sous diverses bannières les corporations de Paris. La réunion est certainement antérieure au milieu du quatorzième siècle si l'on admet que les sueurs étaient les couseurs des cordonniers, car l'ordonnance du 30 janvier 1350 déclare que les « cordouanniers ne prendront de coudre et tailler une douzaine

---

[1] Voy. les *Tailles* de ces deux années.
[2] Voy. ci-dessous, p. 284.
[3] Articles 36 et suiv. — *Ordonn. royales*, t. XII, p. 80.
[4] *Ordonn. royales*, t. XVI, p. 671.

de souliers que quatre sous [1], » ce qui prouve bien que déjà taille et couture étaient l'œuvre d'une même corporation.

Les SAVETONNIERS occupaient le troisième rang parmi les corporations qui confectionnaient des chaussures; ils prenaient place après les cordonniers et avant les savetiers.

Ils n'avaient le droit d'employer que la basane, et ne pouvaient faire aucune chaussure dont la semelle eût plus d' «un espan» de long. L'*espan*, mesure très primitive, désignait l'espace compris entre l'extrémité du pouce et celle du petit doigt, la main étant bien étendue. Aux cordonniers seuls, il était permis de fabriquer des chaussures plus grandes, même en basane.

Les savetonniers étaient appelés *bazaniers, bazenniers, chavetonniers* et *cavetonniers de petiz soulers de basenne,* etc.; ils prennent ces deux derniers noms dans ceux de leurs statuts qui reçurent, vers 1268, l'approbation du prévôt Étienne Boileau, et dont voici l'analyse [2] :

Le métier avait été concédé aux deux dignitaires qui possédaient celui des cordon-

---

[1] Article 157. — *Ordonn. royales,* t. II, p. 351.
[2] Titre LXXXV.

niers, et le droit de s'établir s'achetait aux
mêmes conditions[1]. Mais les savetonniers
pouvaient acquérir tous les droits des cordonniers en achetant aussi ce second métier, c'est-
à-dire en payant une seconde fois le droit de
s'établir[2].

Le nombre de leurs apprentis n'était pas li-
mité, et ils déterminaient à volonté le temps
et les conditions de l'apprentissage[3].

Le travail à la lumière leur était interdit[4],
et ils étaient astreints au service du guet[5].

Ils payaient sept deniers par an pour la redevance dite des *hueses du roi*[6].

La veuve d'un savetonnier pouvait continuer
le commerce « après la mort de son seigneur, »
sans acheter de nouveau le droit de s'établir[7].

La *Taille de* 1292 cite vingt maîtres savetonniers, celle *de* 1300 en mentionne seize
seulement.

L'ordonnance du 30 janvier 1350 rappela
aux « faiseurs de souliers de bazanne » qu'ils

[1] Article 1.
[2] Article 2.
[3] Article 8.
[4] Article 7.
[5] Articles 11 et 12.
[6] Article 6. Voy. ci-dessus, p. 180.
[7] Article 9.

ne devaient employer ni le mouton, ni la brebis, ni le chien, « mais tant seulement bazanne d'Auvergne et de Provence, bonne et fine. » La basane n'était donc pas, comme aujourd'hui, de la peau de mouton, et alors quel animal la fournissait? Peut-être le veau, car Ducange définit ainsi le mot *bazan* : « ita vitulinum vel ovinum corium appellant. »

De nouveaux statuts, datés du 19 juillet 1353, fixèrent la dimension des chaussures confectionnées par les savetonniers à « un espan de pié et un espan de hault[1]. » La corporation fut, vers cette époque, réunie à celle des cordonniers.

Les savetonniers ont donné leur nom à une rue que la *Taille de* 1292 nomme *Les petiz solers*, celle de 1313 *rue des petits soliers* et Guillot *rue à petis soulers de basenne*. Sur les vingt savetonniers qui exerçaient à Paris en 1292, sept habitaient cette rue[2] et les environs de l'église Sainte-Opportune. Transmettons leur nom à la postérité :

Gile l'Alemant.
Thomas Guibout.
Renout.

---

[1] *Ordonn. royales*, t. XVI, p. 659.
[2] Devenue rue Courtalon ou rue de l'Aiguillerie.

Jehan, de Senliz.
Robert, de Pontayse.
Gilebert, de Grey.
Renost.

Tous sont qualifiés de *bazenniers*.

Les SAVETIERS composaient la dernière des quatre classes d'artisans qui s'occupaient de la chaussure. Les raccommodages seuls leur étaient permis.

Dits en latin *corvesarii sabaterii, savaterii, savetarii*, etc., et en français *courvoisier, taconneurs, rataconneurs, rapetasseurs, bobelineurs, carreleurs de souliers, sueurs de vieil*, etc., euxmêmes, dans leurs statuts du treizième siècle, se qualifient de *çavetiers* et *çavatiers*. Jean de Garlande les nomme *pictaciarii*, du mot *pictatium* qui signifiait pièce, tacon[1]. Ils raccommodaient, écrit-il, les vieilles chaussures, y mettaient des pièces, réparaient les semelles et les empeignes[2].

Les savetiers étaient déjà constitués en cor-

---

[1] On disait alors « taconner des souliers. » Voy. Ducange, au mot pictatium.

[2] « Pictaciarii viles sunt qui consuunt sotulares veteres, renovando pictacia et intercutia (morceau de cuir placé entre deux semelles), et soleas et impedias. » *Dictionarius*, p. 24.

poration au douzième siècle. Une charte qui
remonte à l'année 1160 assigne au desservant
de la chapelle Saint-Nicolas du Palais une
rente de trente sous sur les *corvesarii*[1]. Les
statuts qu'ils soumirent, vers le milieu du
siècle suivant, à l'homologation du prévôt de
Paris sont très courts.

Le roi, on ne nous dit pas lequel, avait
concédé la juridiction professionnelle et tout
ou partie des revenus de ce métier à ses
écuyers, c'est donc à eux ou plutôt à leur
mandataire qu'il fallait acheter le droit de
s'établir : « Et le vent cil qui y est establi de
par les esquiers le Roy, as quex li Roys l'a
donné[2]. » Ils ne pouvaient exiger plus de douze
deniers, auxquels s'ajoutaient deux deniers
donnés comme pour-boire aux témoins de
l'acte : « Et 2 den. au vin que cil boivent qui
sont au vendre et à l'achater[3]. »

Il n'est question dans ces statuts ni d'apprentis, ni de travail à la lumière, ni même de
jurés, mais on y voit que le savetier était con-
damné à l'amende s'il réparait mal « mauvai-

---

[1] Luchaire, *Histoire des institutions monarchiques*, t. II,
p. 326.
[2] Article 1.
[3] Article 2.

sement » la chaussure qui lui était confiée, ou s'il la cousait « de mauvais fil [1]. »

On trouve cent quarante savetiers nommés dans la *Taille de* 1292 et cent soixante-douze dans celle *de* 1300.

Le chef-d'œuvre est mentionné par les lettres patentes de juin 1467 [2], qui exigent que l'ouvrier « ait esté expérimenté et en iceluy mestier trouvé souffisant. »

Parmi les industries d'ordre secondaire, mentionnons :

Les CALOCHIERS, très peu nombreux au treizième siècle, car les *Tailles de* 1292 et *de* 1300 en désignent chacune deux seulement.

Les SABOTIERS. Mais il ne se fabriquait guère de sabots à Paris, et les sabotiers n'y composaient pas une corporation. Au dix-huitième siècle, les sabots étaient vendus par les boisseliers, les chandeliers et les regrattiers.

Les PATINIERS, dont le nom m'est fourni par le *Glossaire* de Ducange [3]. Ils sont cités aussi dans l'ordonnance dite *des Bannières*, car ils composèrent la dix-septième, avec les tourneurs et les artilliers [4].

---

[1] Article 3.
[2] *Ordonn. royales*, t. XVI, p. 668.
[3] Au mot patinus.
[4] *Ordonn. royales*, t. XVI, p. 670.

La *Taille de* 1292 signale sur la paroisse Saint-Sauveur un certain « Girart, qui fet les chaussons [1]. »

Les baudroyers, dits aussi *baudroyeurs, baudroiers, baudraiers*, etc., furent réunis à la communauté des corroyeurs par ordonnance du 21 novembre 1577. La *Taille de* 1292 en mentionne quinze, et l'on en trouve trente-six dans celle *de* 1300.

## CHAPITRE III

### LE SEIZIÈME SIÈCLE

Les souliers de Gargantua, de Charles VIII, de Louis XII et de François Ier. — Les souliers à pont-levis et à cric. — Les souliers de Charles IX. — Souliers de couleur. — On se chausse très étroit sous Henri III et sous Henri IV. — La chaussure de l'hermaphrodite. — Les bottes en cuir de Russie. — Les bottes du marquis de Nolay. — Les soulettes et les surpieds. — Les galoches. — Les femmes veulent se grandir. Les patins. — Les patins de Gabrielle d'Estrées. — Les semelles de liège. — Les mules et les escarpins. — Histoire du cirage. — La corne ou le chausse-pied depuis le onzième siècle.

Les nombreux portraits exécutés sous Charles VIII, sous Louis XII et sous François Ier

_____

[1] Page 49.

nous révèlent la forme des souliers portés durant ces trois règnes. Ce sont ceux qu'a décrits Rabelais. On les fait en mouton, en veau, en étoffe surtout, et on les orne souvent de bouffettes, de rubans, de broderies et de pierres précieuses. Ceux de Gargantua sont en velours bleu cramoisi [1], ceux des religieux de Thélème en velours cramoisi rouge ou violet [2]. Tous ont été « faictz, taillez et cousus à la mode qui pour lors couroit. » Cette mode voulait que l'extrémité fût énorme, épatée, et, en outre, comme tout le reste du costume, semée de *crevés* qui permettaient de voir soit une doublure, soit le tissu des chausses ou bas. Une pièce curieuse, écrite vers 1530, les qualifie de chaussures « à gros museau, pertuysées et déchiquetées en créneaulx de vieilles murailles [3]. » Vers le milieu du siècle, leur bouffissure va en diminuant, et ils finissent par dessiner à peu près la forme du pied.

Du règne de Henri IV datent les souliers *à pont-levis* ou *à cric*. Ils étaient montés sur de très hauts talons, de sorte que l'espace compris

[1] Livre I, chap. VIII.
[2] Livre I, chap. LVI.
[3] *Le pourpoint fermant à boutons.* Dans A. de Montaiglon, *Anciennes poésies françoises*, t. IV, p 278.

entre le talon et la semelle ressemblait tout à
fait à un pont. Le nom de soulier à cric leur
venait, je crois, d'un certain bruit qui se produisait pendant la marche [1].

En 1572, Charles IX acheta « dix paires de
souliers de maroquin blanc, six paires de
couleur, assavoir : gris, rouges, noirs, verts
et bleus, à quarante sous la paire [2]. » Ainsi,
le bon ton exigeait encore que l'on variât
souvent les couleurs, et aussi que les deux
souliers ne fussent pas de la même [3]. Il fallait
surtout qu'ils fussent plus petits que le pied
auquel ils étaient destinés. Vous pouvez m'en
croire, c'était là une condition indispensable
à la cour de Henri III, du roi hermaphrodite,
comme l'appelle Artus d'Embry, peintre fidèle
des mœurs alors régnantes. Lisez :

Un autre [valet] vint, incontinent après, apporter
une petite paire de souliers fort estroicts et mi-
gnonnement découpez. Je me mocquois en moy-
mesme de voir si petite chausseure et ne pouvois
comprendre à la vérité comme un grand et gros

---

[1] Voy. d'Aubigné, *Aventures du baron de Fœneste*, édit.
elzév., p. 14.

[2] *Compte des dépenses de Charles IX.* Dans Cimber et
Danjou, *Archives curieuses*, t. VIII, p. 362.

[3] *Rapport de J. Lippomano* (1577). Dans les *Relations
des ambassadeurs Vénitiens*, t. II, p. 555.

pied pouvoit entrer dans un si petit soulier, puisque la reigle naturelle veut que le contenant soit plus grand que le contenu, et toutesfois c'estoit icy le contraire. Vous lui eussiez veu frapper de grands coups contre terre et faire par son mouvement trembler tout ce qui estoit sous luy, puis on luy bailla de grands coups contre le bout du pied : cela me faisoit ressouvenir de ceux qui veulent représenter quelque chose en une comédie. Car je voyois un homme le genouil en terre et l'autre en l'air sur lequel il avoit mis une jambe, frapper de la main, tantost le bout du pied, tantost le talon, puis avec une certaine peau faire entrer justement la chaussure jusques au lieu où elle devoit aller. De certains grands liens servoient après à la faire tenir plus ferme, lesquels on façonnoit en sorte qu'ils sembloient une rose ou quelque autre fleur semblable. Chose merveilleuse que ce pied, qui m'avoit semblé si grand devant que d'estre chaussé, je le trouvay après si petit qu'à peine le pouvois-je recognoistre, et l'eussiez quasi pris pour le pied de quelque griffon [1].

Henri IV, qui vécut si longtemps à l'armée, mit en faveur les longues bottes molles dites en cuir de Russie. Mais on prononçait alors *Roussie* [2] : Quiconque est du bon ton, dit l'auteur du *Discours nouveau sur la mode* [3],

---

[1] *L'isle des hermaphrodites*, édit. de 1724, p. 12.

[2] « Cuir de Russie, qu'on appelle ordinairement du Roussi. » *Dictionnaire de l'Académie*, édit. de 1694.

[3] Page 9.

Il faut qu'il ait souvent la botte de Roussy.

Ces bottes, connues depuis longtemps déjà,
furent alors de mise partout, dans les salons
et même au bal. Elles montaient très haut sur
la cuisse, et étaient aussi collantes que possible, aussi étroites que les souliers. Avant
d'entreprendre de les chausser, les raffinés
devaient maintenir d'abord leurs pieds dans
l'eau froide. « Le marquis de Nolay, écrit
Tallemant des Réaux, estoit si curieux d'estre
bien botté qu'il se tenoit les pieds dans l'eau
pour se pouvoir botter plus estroict : c'estoit
de ce temps que tout le monde estoit botté.
On dit qu'un Espagnol, qui vint icy et s'en
retourna aussytost, comme on luy demandoit
des nouvelles de Paris, dit : « J'y ay veu bien
des gens, mais je crois qu'il n'y a plus personne à cette heure, car ils estoient prests à
partir [1]. » Les cavaliers y ajoutèrent une
espèce de socque, assujetti par des sous-pieds
appelés *soulettes,* qui étaient eux-mêmes dissi-
mulés sur le cou-de-pied par une pièce dite
*surpied,* que l'on voit à toutes les bottes de ce
temps.

Par les jours de boue, on continuait à uti-

---

[1] *Historiettes,* t. I, p. 433.

liser les galoches. Les écoliers externes, qui se rendaient chaque matin au collège, en fàisaient grand usage ; aussi les nommait-on des *galoches* [1].

Les femmes n'avaient pu résister aux charmes du soulier à pont-levis, mais pour elles, on l'avait perfectionné :

Les bourgeoises, non plus que les dames, ne vont
Nulle part maintenant qu'avec souliers à pont,
Qui ayent aux deux costez une longue ouverture
Pour faire voir leurs bas, et dessus, pour parure,
Un beau cordon de soye, en nœuds d'amour lié,
Qui couvre du soulier presques une moitié [2].

Scarron ne ménage, ni les femmes

Qu'un grand pont-levis hausse,

ni les « jouvençaux » montés sur des galoches,

Ayant au pied et mal chaussées
Galoches de cuir renforcées,
Dans lesquelles ils passent l'eau
Tout ainsi que dans un bateau ;
Avec lesquelles à la boue
On peut faire hardiment la moue ;
Enfin, pour vous en dire tout,
Galoches à dormir debout [3].

[1] Voy. *Écoles et collèges*, p. 36.
[2] *Discours nouveau sur la mode*, p. 17.
[3] *Epître à Mad. de Hautefort.* Dans les OEuvres, édit. de 1663, t. I, p. 231.

Jusqu'au milieu du quinzième siècle, les dames n'avaient songé à se grandir qu'en parant leur tête de fières coiffures, des hennins, par exemple, dont le sommet s'éleva jusqu'à un mètre au-dessus du front[1]. Elles eurent enfin l'idée d'en faire autant par en bas, et elles se·juchèrent sur des patins auxquels, Brantôme l'affirme, on donna parfois un pied de hauteur[2]. Gabrielle d'Estrées, qui était petite, portait des patins très luxueux et de couleurs variées, car on voit figurer dans son inventaire : « Six paires de patins de velours de plusieurs couleurs; une paire de patins incarnadins en broderie d'or ; huit paires d'autres patins de diverses couleurs[3]. »

Mais on ne pouvait rester sans cesse montée sur des patins, et la mignonne qui les retirait en rentrant chez elle, voyait sa taille subitement réduite de trente-trois centimètres. On pourvut à cet inconvénient en superposant dans toutes les chaussures une foule de semelles en liège.

Depuis longtemps, l'on avait cherché à se protéger ainsi du froid et de l'humidité. Dès

[1] Voy. *Chapellerie et modes.*
[2] *OEuvres,* t. IX, p. 324.
[3] Dans Laborde, *Émaux,* p. 433.

1545, les petits marchands parcourant les rues criaient des

> Semelles à bouter dans les bottes.
> Ils sont bonnes pour la froidure[1]!

Rabelais avait professé déjà que «les bornes de boire estoient quand, la personne beuvant, le liège de ses pantoufles enfloit en haut d'un demi-pied[2]. » Ce procédé n'était pas accepté de tout le monde, et l'on obtenait le même résultat en multipliant le nombre des semelles.

Le poète Coquillart écrivait vers 1480 :

> Noz mignonnes sont si très haultes[3]
> Que pour sembler grandes et belles,
> Elles portent panthoufles haultes
> Bien à vingt-quatre semelles[4].

Et elles continuèrent à en porter jusqu'au milieu du dix-septième siècle, car je lis dans un curieux volume publié en 1633 : « Vous cognoissez bien cette noire, qui a un pied et demi de liège, et veut passer pour avoir belle taille[5]. »

---

[1] *Les cent et sept cris que l'on crie journellement à Paris.* Dans *L'annonce et la réclame*, p. 159.

[2] *Gargantua*, liv. I, chap. xxi.

[3] Hautaines ou, par ironie, si petites ?

[4] *OEuvres*, édit. elzév., t. I, p. 157.

[5] *Les amours, intrigues, etc., des domestiques des grandes maisons*, p. xiv.

Dans *Le maître valet* de Scarron, joué en 1645, Jodelet dit à Isabelle :

Dites-moi, ma maîtresse, avez-vous bien du liège?
Si vous n'en avez point, vous êtes, sur ma foi,
D'une fort belle taille, et digne d'être à moi [1].

Dans le *Virgile travesti*, Didon s'informe

Si dame Hélène avoit du liège,
De quel fard elle se servoit,
Combien de dents Hécube avoit,
Si Pâris étoit un bel homme [2].

Comment entretenait-on propres et brillantes les chaussures de cuir? Suivant M. Quicherat, l'emploi du cirage remonterait au dixième siècle [3]. Il semble cependant qu'au seizième l'on se servait d'une pierre spéciale dont la composition nous est inconnue. Je lis, en effet, dans *Les cris de Paris en* 1545 :

J'ay de bonne pierre noire,
Pour pantoufle et souliers noircir [4]!

D'autre part, il est certain que l'on graissait alors les chaussures communes :

Dea, des souliers de vache auras,
Et gros patins, que ne deffendz,

---

[1] Acte II, scène VII.
[2] Livre I, édit. de 1726, p. 85.
[3] *Histoire du costume*, p. 141.
[4] Dans *L'annonce et la réclame*, p. 167.

Qu'au samedy gresser feras
Avecq les souliers des enfans [1].

Au siècle suivant, « le sieur Goubier, épi-cier, rue de Gesvre, vend une bonne cireure pour les cordonniers [2]. » C'est sans doute celle dont Richelet nous fournit ainsi la recette : « Composition de suif, de noir de fumée, de térébentine de Venise, de blanc de plomb et autres ingrédiens qu'on fait bouillir pour cirer les bottes, les gros souliers, etc. [3] » Le cirage à l'œuf lui succéda, et jouit d'une faveur qui fut de longue durée; il se composait tout sim-plement de noir de fumée délayé avec du blanc d'œuf.

En 1777, un sieur Lebrun, épicier, demeu-rant rue Dauphine, aux armes d'Angleterre, débitait « une nouvelle cire, propre à noircir les souliers, les bottes et tout ouvrage de cuir ou de maroquin, qui ne tache point les mains ni les bas, qui est sans odeur, entretient le cuir flexible et lui donne un beau noir. » Le

---

[1] *Extraict d'un petit traicté contenant soixante et troys quatrains sur le faict de la réformation et de la superfluité des habitz des dames de Paris.* Dans *Anciennes poésies françoises*, t. VIII, p. 298.

[2] *Le livre commode*, t. II, p. 67.

[3] *Nouveau dictionnaire françois*, édit. de 1719, t. I, p. 207.

prix était « de douze sols la tablette, qui fait une chopine de cire liquide[1]. » Je rencontre cette même cire en tablettes annoncée dans la *Gazette de Hollande*, où l'on déclare qu'elle « donne à volonté le plus beau noir, mat ou luisant[2]. » Peu d'années après, apparut le cirage anglais, composition grasse qui, frottée avec une brosse sèche, fournit un brillant d'un beau noir.

L'histoire de la corne ou chausse-pied présente aussi quelque intérêt. Au douzième siècle, on avait eu l'idée, pour faciliter l'introduction du pied dans la chaussure, de terminer par une large patte recourbée le quartier qui surmonte le talon. C'était assez commode, mais fort laid. Du treizième au quatorzième siècle, je trouve cité un chausse-pied dont je n'ai pu déterminer la nature. Ce que je sais, c'est qu'il se nomma en latin *parcopolex* et *trainellum*, en français *traymel*, *trainel*[3] et *trainax*[4]. Au seizième siècle, tout doute disparaît, on se sert tantôt d'une lanière de cuir, tantôt d'une corne. Un compte royal

---

[1] *Almanach Dauphin*, art. épiciers.

[2] N° du 10 mars 1778, p. 4.

[3] Ducange, aux mots cités.

[4] *Le dit d'un mercier*. Dans *Les magasins de nouveautés*, t. I, p. 6.

de 1570 renferme les deux mentions suivantes : « Pour avoir coupé ung quart de peau
de marroquin, pour faire des chaussepieds pour
mettre à la garde-robe. — Pour trois chaussepieds de corne, pour servir aux pages [1]. »
Et quand l'hermaphrodite va terminer sa toilette, on a vu son valet, « avec une certaine
peau, faire entrer justement la chaussure jusqu'au lieu où elle devoit aller. » Mais il fallait
se bien garder de mettre au pied droit le
soulier destiné au pied gauche, et réciproquement ; car, comme le disait Pantagruel, « la
mémoire se perd lorsqu'on se chausse au
rebours [2]. »

Furetière, en 1701, définit ainsi le chausse-
pied : « C'est ordinairement une large lanière
de cuir velu et non corroyé, faite d'une peau
de veau mort né [3]. » Le *Dictionnaire de Trévoux* reproduit cette phrase et ajoute : « On
en faisoit autrefois de corne et même de fer. »
Le dictionnaire de Savary nous indique la
manière de s'en servir : « CHAUSSE-PIED : Cuir
léger et maniable, ordinairement de veau
passé avec le poil, dont les cordonniers se

---

[1] Dans V. Gay, *Glossaire archéologique*, t. I, p. 355.
[2] *Pantagruel*, livre II, chap. XI.
[3] Définition reproduite dans l'édition de 1727.

servent pour essayer et chausser les souliers qu'ils ont faits. Ce cuir est long de deux pieds, large de deux ou trois pouces, et finissant à rien de l'autre bout. Pour chausser le soulier, on engage le cuir par où il est large dans un ou deux plis qu'on fait au quartier de derrière, afin qu'en le retirant il puisse se relever, et achever par là de chausser le soulier. Ce sont les marchands de crespins qui vendent les chausse-pieds à cordonniers [1]. » Enfin, l'Académie, dans son édition de 1778, signale ce proverbe : *Il est dedans sans chausse-pied*, qui signifie : « Il a réussi sans peine et plus facilement qu'on ne croyoit [2]. »

# CHAPITRE IV

## LE DIX-SEPTIÈME SIÈCLE

## I

### LES CHAUSSURES

Le cordonnier de Louis XIII. — Les bottes à entonnoir. — Le rond de bottes. — Extrait des *Loix de la galan-*

---

[1] *Dictionnaire du commerce*, édit. de 1741, t. II, p. 259.
[2] Tome I, p. 201.

*terie.* — Les souliers à la cavalière. — Les souliers sont
terminés en croissant, en pointe, en carré. — Les galoches. — Lourdes bottes des cavaliers. — Les bottes
sans couture de Louis XIV. — Armoiries accordées au
cordonnier Lestage. — Les bottes sans couture au dix-
huitième siècle. — Les chaussures de Louis XIV. —
Comment on le chaussait à son lever, comment on le
déchaussait à son coucher.

Le premier cordonnier qu'eut Louis XIII
se nommait Champagne, et le petit roi avait à
peine huit mois quand il lui fit des souliers.
Héroard écrit dans son *Journal* à la date du
2 juin 1602 : « Champagne, cordonnier, lui
prend mesure de ses souliers, qui fut d'un
grand point[1]. » La Révolution a anéanti cette
relique royale, car en 1787, l'on conservait
encore « au Val-de-Grâce, la première chaussure de chaque fils ou dame de France[2]. »

La passion de Louis XIII pour la chasse lui
fit, dans la suite, préférer les bottes, et elles
furent sous son règne la chaussure dominante.
La forme étrange qu'elles adoptèrent leur
valut le nom de *bottes à entonnoir.* Fort courtes,
elles s'épanouissaient au milieu de la jambe
par un revers largement évasé que les élé-

[1] Tome I, p. 28.
[2] Thiéry, *Guide des amateurs et des étrangers voyageurs
à Paris,* t. II, p. 260.

gants remplissaient de dentelles. Le surpied devint énorme, couvrit tout le cou-de-pied et la moitié de l'empeigne.

Cette mode persista durant la minorité de Louis XIV. Toutefois, l'on exagéra encore la dimension de l'entonnoir, et le fouillis de dentelles qui le garnit s'appela un *rond de bottes*[1]. Le bout de la chaussure fut carré ; il s'allongea de façon à faire croire que les poulaines allaient reparaître. Voyez comment s'exprime sur ce sujet un moniteur de la mode au dix-septième siècle, les *Loix de la galanterie*, spirituelle satire publiée en 1644 :

Si un autheur a dit qu'il se formalise de ce rond de botte faict comme le chapiteau d'une torche, dont l'on a tant de peine à conserver la circonférence qu'il faut marcher en escarquillant les jambes comme si l'on avoit quelque mal caché, c'est ne pas considérer que des gens qui observent ces modes vont à pied le moins qu'ils peuvent...

Pour les bottes, il les faut avoir à long pied, encore que l'on ait dit qu'il se falloit conformer à la nature et garder les mesures. L'on ficha bien une fois un cloud à quelqu'un dans ce bout de botte, cependant qu'il estoit attentif à quelque entretien, en telle façon qu'il demeura cloué au plancher ; mais tant s'en faut que cela en doive faire haïr

---

[1] Voy. *Le vêtement*, p. 213 et 215.

l'usage, qu'au contraire si le pied eust esté jusqu'au
bout de la botte, le cloud eust pu le percer de part
en part. Et voilà à quoy cela servit à ce galant[1].

Puis surgit la mode des *souliers à la cavalière* ou *souliers de bottes*, montés sur hauts
talons. Vus de face, ils ressemblaient fort à
nos bottines; ils étaient maintenus, au cou-
de-pied, par une bride passée dans une large
boucle.

L'extrémité variait sans cesse. En 1650,
elle affectait la forme d'un croissant[2]. Trois
ans plus tard, on la voulait pointue. Marini,
alors de séjour en France, écrivait au cardinal Montalto : « Je chausse des souliers pointus et relevés du bout. Pour les faire entrer,
il me faut une demi journée d'efforts. Mais
leur ouverture est si évasée que je pense en
traîner les bords à terre, comme des savates.
Il y a sous le talon une sorte de coussinet
assez élevé pour vous faire prétendre au titre
d'altesse[3]. »

.En 1672, l'extrémité des souliers est deve-

---

[1] Pages 14 et 16.
[2]     Quoiqu'il mette, il fait ouverture
        Dessus le pied de la chaussure,
        Dont la pointe est faite en croissant.
    (*Vers à la Fronde sur la mode des hommes*, p. 10.)
[3] *Lettre* publiée par E. Rodocanachi, p. 5.

nue carrée[1]. L'année suivante, « pour les souliers, il n'y a plus de mode; chacun les porte
indifféremment larges ou estroits de carrure,
et l'on n'en fait plus guère de ronds[2]. »

Les bottes destinées aux cavaliers étaient
d'un poids énorme, figuraient exactement
celles que portaient encore, il y a un demi-
siècle, nos postillons. L'entonnoir, peu ouvert, qui les terminait, était garni de poches,
où l'on pouvait serrer des papiers et toutes
sortes de petits objets. Van der Meulen a représenté Louis XIV les jambes enfermées dans
cette lourde chaussure.

Les seigneurs admis à la Cour faisaient
peindre en rouge incarnat les talons de leurs
souliers. C'était une marque de gentilhomme-
rie dont la coutume se maintint jusque vers
les dernières années du règne de Louis XVI[3].

J'ai raconté ailleurs comment Louis XIV,
ayant forcé les femmes à réduire le ridicule
édifice de leurs coiffures, elles s'empressèrent
d'y suppléer par la hauteur de leurs talons[4].

En 1663, un cordonnier de Bordeaux,

---

[1] *Mercure galant,* année 1672, p. 277.
[2] *Mercure galant,* année 1673, t. III, p. 314.
[3] Voy. *Teinturerie et deuil,* p. 111.
[4] Voy. *Chapellerie et modes,* p. 225.

nommé Lestage[1], avait présenté au roi une
paire de bottes, faites sans qu'aucune mesure
eût été prise et sans que l'on y pût apercevoir
aucune couture. On les soumit à l'examen de
plusieurs cordonniers, et ils furent forcés de
reconnaître, paraît-il, que Lestage disait vrai.
Écoutez le gazetier Loret :

> Un certain artizan de Cour
> Au Roy présenta, l'autre jour,
> Une chose assez étonnante,
> Ou plutôt assez surprenante.
> Étoit-ce un miracle d'aymant?
> Étoit-ce perle ou diamant?
> . . . . . . . . . . . . . . . . . . . .
> Un cheval couché tout de bout?
> Rien moins, nullement, point du tout.
> Et qu'étoit donc icelle choze?
> Étoit-ce un oeillet, une roze
> D'Amérique ou de par-de-là?
> Ce n'étoit rien de tout cela.
> Mais quoy donc? C'étoit, je vous jure,
> Des botes faites sans coûture,
> Botes d'hyver ou bien d'été,
> Pour servir à Sa-Majesté.
> Voyant ces botes sans-pareilles
> Toute la Cour cria merveilles,
> Les nomma chef-d'œuvre étonnant,

---

[1] M. Quicherat le nomme par erreur Nicolas Lestrange.
*Histoire du costume*; p. 515.

Et (comme est dit) si surprenant,
Bref, d'invention si nouvelle,
Qu'on n'en a jamais vu de telle.
D'ailleurs, les autres cordonniers,
Des premiers jusques aux derniers,
Les ayans bien considérées,
Et de tous les côtez virées,
Dizent, dit-on, par-cy, par-là,
« Comment diable a-t-il fait cela? »
L'inventeur du susdit ouvrage
S'appele, m'a-t-on dit, Lestage,
Dont je ne sçay pas le quartier,
Mais r' afiné dans son métier
Autant ou plus que pas un maitre,
Et qui sera bien-aize d'être
Exalté dans ce mien jargon,
Car le galant homme est gascon [1].

Il obtint mieux encore que la gloire de figurer dans la *Gazette* de Loret, Louis XIV en fit
son cordonnier ordinaire. Il lui accorda même
des armoiries, que je trouve blasonnées ainsi :
*D'azur, à une botte d'or posée en pal, surmontée
d'une couronne fermée de même et accostée de
deux fleurs de lis aussi d'or.*

Eh bien, ce n'est pas tout. Il faut bien y
croire, puisque j'en ai là sous les yeux la
preuve matérielle : on réunit en un volume

---

[1] *Muze historique*, n° du 5 août 1663.

in-quarto les poésies inspirées par ce mémorable événement[1], quatre-vingts pièces latines et françaises, anagrammes, épigrammes, sonnets, stances, quatrains, élégies, etc., que l'imprimeur fit précéder d'un avertissement dont je copie les premières lignes :

Monsieur et très cher amy,

Ce n'est pas vous flatter en disant que l'invention des bottes sans coûture est un chef-d'œuvre si surprenant qu'il a fait bruit et donné de l'admiration presque dans tout l'univers...

Qui sait si l'illustre Lestage ne trouva pas impertinent le mot *presque!*

A propos de bottes sans couture, je rappellerai que le secret d'une si merveilleuse fabrication aurait été retrouvé vers 1804. L. Prud'homme écrivait, en effet, dans son *Miroir de Paris :* « Colman, au Palais-Royal, fait des bottes sans couture. La paire coûte six cents francs; on en montre une paire sous verre, comme la robe de Notre Seigneur[2]. »

Louis XIV portait, dès le matin, de fins souliers à boucles de diamant. Au reste, nous

---

[1] *Poésies nouvelles sur le sujet des bottes sans coûture présentées au Roy par le sieur Nicolas Lestage, maistre cordonnier de Sa Majesté.*

[2] Tome V, p. 236 de l'édition de 1807.

allons, si vous le voulez bien, assister à son
petit lever :

Au moment que le Roy sort du lit, il chausse ses
mules, que lui présente le premier valet de chambre:
Le grand chambélan met la robe de chambre à Sa
Majesté.

Cependant le Roy s'habille, et commence par se
chausser. D'abord, un garçon de la garderobe
donne les chaussons et les jarretières au premier
valet de garderobe, qui présente premièrement à
Sa Majesté les chaussons l'un après l'autre que le
Roy chausse luy-même. Ensuite, un valet de garderobe lui présente son haut de chausse, où sont
attachez ses bas de soie. Un garçon de la garderobe
lui chausse ses souliers, dont ordinairement les
boucles sont de diamans. Les deux pages de la
chambre qui sont de jour ou de service relèvent
les mules ou pantoufles du Roy. Puis le premier
valet de chambre lui donne ses jarretières à boucles
de diamans, l'une après l'autre, que le Roy attache
luy-même; et quand le Roy prend des bottes, le
valet de garderobe les luy présente. Lorsque les
éperons ne tenoient pas aux bottes, l'écuïer qui se
trouvoit au lever du Roy, prenoit des mains des
officiers de garderobe les éperons qu'il mettoit à
Sa Majesté; et en l'absence de l'écuïer, l'officier de
garderobe mettoit les éperons au Roy...

Le cérémonial du coucher était à peu près
le même :

Sa Majesté s'assied en son fauteuil. Le premier valet de chambre et le premier valet de garderobe lui défont ses jarretières à boucles de diamans, l'un à droite, l'autre à gauche. Le premier valet de chambre donne ces jarretières à un valet de garderobe, et le premier valet de garderobe à un valet de garderobe. Les valets de chambre ôtent du côté droit le soulier, le bas et le haut de chausse pendant que les valets de garderobe qui sont du côté gauche lui déchaussent pareillement le pié, la jambe et la cuisse gauche. Les deux pages de la chambre qui sont de jour ou de service donnent les mules ou pantoufles à Sa Majesté. Un valet de garderobe enveloppe le haut de chausse du Rôy dans une toilette de taffetas rouge, et le va porter sur le fauteuil de la ruelle du lit, avec l'épée de Sa Majesté[1].

## II

### L'INDUSTRIE DES CHAUSSURES

Les cordonniers. — Leurs statuts de 1614. — L'apprentissage. — Le chef-d'œuvre. — Limitation du nombre des maitres. — Marque de fabrique. — Les chambrelans. — Inconduite des ouvriers. — Les communautés de frères cordonniers.

Les savetiers. — Ils disputent le premier rang aux cordonniers. — La rue de la Savaterie dans le ballet des rues

[1] *État de la France pour* 1712, t. I, p. 255, 261 et 299.

La communauté des cordonniers, sur
laquelle le génie de Lestage venait de jeter un
si grand éclat, continuait à tenir le premier
rang parmi celles qui concouraient à la fabrication des chaussures. Mais une ordonnance
de mars 1614 en avait profondément modifié
l'organisation. Chaque maître ne put plus engager qu'un seul apprenti, et la durée de l'apprentissage fut fixée à quatre ans au moins[1].

Le contrat d'apprentissage était passé devant notaires[2].

Le chef-d'œuvre exigé pour obtenir la maîtrise devait être exécuté en présence de six
jurés. Les fils de maître en étaient dispensés,
« comme ils ont accoutumé de toute antiquité[3]. »

Afin de restreindre la concurrence, on ne
dut plus recevoir chaque année que quatre
nouveaux maîtres[4].

[1] Article 12.
[2] Voy. ci-dessous, p. 335.
[3] Articles 9 et 13.
[4] Article 6.

Chaque cordonnier fut tenu d'appliquer sur les chaussures faites par lui une marque spéciale qui permit de déterminer leur origine[1].

Il était défendu de faire confectionner aucun ouvrage au dehors, « si ce n'est par un pauvre maître qui n'a moyen ni faculté de tenir boutique, pour lui donner moyen de vivre et subvenir à ses nécessités[2]. »

Tout compagnon resté trois jours sans place, « trouvé avoir esté sans maistre trois jours consécutifs, » était arrêté et emprisonné au Châtelet[3].

Des mesures sévères étaient prises contre les *chambrelans*, ouvriers en chambre, indépendants de la corporation. Ils osaient, nous dit-on, engager des apprentis, et fabriquaient spécialement des souliers d'enfants, qu'ils envoyaient leur femme colporter par les rues[4].

La moralité des ouvriers laissait, paraît-il, fort à désirer. On leur reprochait surtout le mystère dont ils entouraient les formalités, plus ridicules qu'impies[5], de leur réception au com-

---

[1] Article 35.
[2] Article 25.
[3] Article 24.
[4] Article 23.
[5] Voy. Leber, *Dissertations relatives à l'histoire de France*, t. IX.

pagnonnage. C'est pour réagir contre ces dés-
ordres qu'un cordonnier nommé Buch et le
baron de Renty fondèrent en 1645 la *communauté des frères cordonniers de Saint-Crépin*,
véritable association religieuse dont les membres s'engageaient à mettre tout en commun,
à partager avec les pauvres du métier tous les
bénéfices, à aller même travailler chez les
maitres, pour y édifier par leur exemple les
autres compagnons. Les prières et les canti-
ques troublaient seuls le silence exigé dans la
maison. Les frères portaient un costume
presque ecclésiastique, manteau de serge
brune, rabat, chapeau à large bord; ils visi-
taient les indigents, leur distribuaient des secours, des consolations, etc. [1]

Racine mandait à son fils, le 26 janvier
1698 : « Vous trouverez dans les ballots de
M. l'ambassadeur un étui où il y a deux chapeaux pour vous, un castor fin et un demi-
castor. Vous y trouverez aussi une paire de
souliers des frères [2]. »

Cette association prospéra, et Paris comptait
deux établissements de ce genre à l'époque de

---

[1] Voyez leurs statuts.
[2] Édit. P. Mesnard, t. VII, p. 196.

la Révolution, l'un dans la rue de la Grande-Truanderie, l'autre dans la rue Pavée Saint-André[1]. « Il y a, écrivait alors Séb. Mercier, des frères cordonniers ; c'est une communauté de frères unis, faisant des souliers. Ils vivent, comme les anciens apôtres, du travail de leurs mains ; ils chantent des psaumes et battent le cuir, ce qui n'est pas incompatible… Ils ont la réputation de donner de bonne marchandise[2]. »

Les savetonniers ayant été réunis aux cordonniers[3], les savetiers prenaient rang aussitôt après ceux-ci. Qui croirait qu'ils ont jamais eu l'audace, non seulement de s'égaler à eux, mais même de prétendre à la supériorité sur cette noble corporation ? C'est cependant ce qu'ils firent ou ce qu'on fit pour eux au début du dix-septième siècle. Je sais bien qu'à en croire Montaigne, « les âmes des empereurs et des savetiers sont jetées à mesme moule[4] ; » mais l'apologiste des savetiers n'avait sans doute pas lu Montaigne, et parmi ses argu-

---

[1] Auj. rue Séguier.
[2] *Tableau de Paris*, t. XI, p. 20. — Voy. aussi Thiéry, *Guide* de 1787, t. I, p. 476.
[3] Voy. ci-dessus, p. 202.
[4] *Essais*, liv. II, chap. XII.

ments un seul me semble mériter qu'on le tire de l'oubli : « Toutes choses, disait-il, qui sont vieilles et antiques sont plus dignes que celles qui sont neuves. Tout ce qui passe par les mains des savetiers est vieux et antique; ergo, les savetiers sont plus dignes que les cordonniers, qui travaillent le neuf[1]. »

Paradoxe à part, il est sûr que cet humble métier jouait un rôle important dans la vie privée de nos pères. Il eut les honneurs de la Cour le jour où y fut dansé (vers 1647) le ballet dit *des rues de Paris*. La rue de la Savaterie y était représentée par un élégant savetier qui s'adressait aux dames en ces termes :

Nostre mestier est sans repos,
On y racoustre, on y décrotte,
Et mesme en sifflant la linotte
Nous tenons toujours le fil gros.
Rares beautés, qui manquez de chaussure,
Sans tournoyer, venez à nous tout droit,
Et nous laisser prendre vostre mesure,
Car nous avons celle qu'il vous faudroit[2].

Et ce n'est pas la seule fois que les savetiers

*Règlement d'accord sur la préférence des savetiers*, 1635, in-8°. Et dans Éd. Fournier, *Variétés littéraires*, t. V, p. 54.

[2] Dans P. Lacroix, *Ballets et mascarades de Cour*, t. VI, p. 133.

aient inspiré un poète. Jacques de Cailly
disait d'eux un peu plus tard :

> Le savetier de notre coin
> Rit, chante et boit sans aucun soin,
> Nulle affaire ne l'importune.
> Pourvu qu'il ait un cuir entier,
> Il se moque de la fortune
> Et se rit de tout le quartier [1].

Le Parlement aussi s'était plus d'une fois
occupé d'eux, car un arrêt en date du 26 mai
1516 les avait autorisés à faire des chaussures
neuves, mais seulement pour leurs femmes
et leurs enfants. Puis une sentence du Châtelet, rendue le 15 décembre 1621, les confirma
dans le droit de « se dire bobelineurs, » et de
confectionner les souliers appelés *bobelins*,
chaussures grossières à l'usage du bas peuple.
Enfin, privilège plus enviable, les savetiers,
ayant en mai 1658 versé trois mille livres dans
les coffres du roi, obtinrent à ce prix qu'aucune maîtrise ne serait plus créée chez eux
sous prétexte d'avènement, majorité, mariage
de souverain, naissance de Dauphin, etc. [2]

---

[1] La Suze et Pelisson, *Recueil de pièces galantes*, t. V,
p. 150.
[2] Statuts de 1659, art. 5. — Sur ces créations de maî-
trises, voy. *Comment on devenait patron*, p. 209 et suiv.

Des lettres patentes du 20 mars 1659 donnèrent à la communauté une organisation qui ne fut guère modifiée jusqu'à la fin du dix-huitième siècle.

Chaque maître ne pouvait avoir qu'un seul apprenti, et la durée de l'apprentissage était de trois ans. Le contrat devait être passé par-devant notaires, en présence de deux jurés au moins.

Avant d'aspirer à la maîtrise, il fallait encore servir pendant quatre années, en qualité de compagnon, puis parfaire le chef-d'œuvre. Voici comment s'expriment sur ce point les statuts : « Les aspirans à la maîtrise feront pour leur chef-d'œuvre trois paires de souliers, savoir : La première à l'antiquité, sangle à double rivet, et les deux autres à l'usage du temps. Ensemble, une remonture de botte. Ou bien quatre paires de souliers tels que les jurés trouveront à propos [1]. » Les fils de maître étaient dispensés du chef-d'œuvre.

On ne pouvait recevoir plus de quatre maîtres par an, exception faite toutefois pour les fils de maître et pour les compagnons qui épousaient une veuve ou une fille de maître.

---

[1] Article 31.

La corporation était régie par quatre jurés,
qui restaient en exercice pendant deux ans.
Eux seuls avaient le droit de faire les visites
réglementaires ; mais pour l'administration de
la communauté, il leur était adjoint huit
prud'hommes choisis parmi les maîtres comptant au moins dix ans de maîtrise.

Les articles 43 et 44 des mêmes statuts
accordaient aux seuls membres de la corporation le droit de « colporter, vendre, crier dans
les rues vieux souliers, bottes, bottines et
autres besognes dudit métier. » Cette prescription était surtout dirigée contre les marchands ambulants qui, dès le treizième siècle,
faisaient concurrence aux savetiers, criant
dans les rues

    . . . . . . . . Les viez housiaus,
    Les sollers viez [1]. . . . . . . . . . .

Les vers suivants, qui datent du seizième
siècle, ne donnent pas une haute idée de ces
colporteurs :

    Après, ung tas de chassieux
    S'en vont criant parmy Paris
    Les vieulx soulliers, tournant les yeulx,
    Dont souvent se font plusieurs ris [2].

[1] *Les cent et sept cris*, etc. Voy. ci-dessus, p. 41.
[2] Voy. *L'annonce et la réclame*, p. 150.

Au-dessous ou à côté des savetiers, il faut citer encore les *formiers*, qui fabriquaient des formes, des embauchoirs, des bouisses [1] pour les cordonniers. Ils n'avaient ni statuts, ni jurés, et travaillaient sans maîtrise. Beaucoup d'entre eux étaient de pauvres maîtres cordonniers; cependant les jurés de cette communauté revendiquèrent vainement des droits sur eux.

La mode des chaussures élevées avait aussi donné naissance à l'industrie des *talonniers*. Ceux-ci fournissaient aux cordonniers des talons de bois, et administrativement, ils se trouvaient dans les mêmes conditions que les formiers.

A la fin du dix-huitième siècle, les formiers et les talonniers étaient ensemble au nombre de cinquante-trois.

---

[1] Morceaux de bois concaves qui servent à cambrer les semelles.

# CHAPITRE V

## LE DIX-HUITIÈME SIÈCLE

Sous Louis XV, les talons sont très bas, et le bout des chaussures s'arrondit. — Les boucles. — Bas blancs et souliers blancs à bouts pointus. — Sous Louis XVI, les talons deviennent d'une hauteur prodigieuse. — Richesse inouïe des souliers. — Les boucles couvrent tout le pied. — Les bottes à revers. — Cordonniers à la mode. — Luxe des boutiques.

Le cordonnier au dix-huitième siècle. — Organisation de la communauté : les dignitaires. Les jurés. L'apprentissage. Les compagnons. Marques de fabrique. Patrons. Confréries. Armoiries. — Les halles. La rue de la Cordonnerie.

Les savetiers et la rue de la Savaterie. — Leur nombre. — Demandent à entrer dans la corporation des cordonniers. — Le savetier au dix-huitième siècle. — Patron et confrérie des savetiers.

Comment on évitait la boue jusqu'au milieu du dix-septième siècle. — Chevaux et mulets. Montoirs de pierre. — On change de chaussure à la porte des maisons. — Les chaises à porteurs. — Origine et succès des décrotteurs. — Les *résidents*, les *ambulants*, les décrotteurs au mois. — Eloge des décrotteurs du Pont-Neuf. — Le métier se transforme. Les décrotteurs du Palais-Royal.

Durant les premières années du règne de Louis XV, l'extrémité des souliers resta carrée ; les talons, maintenus très élevés, furent reculés, comme de nos jours, sous la cambrure

inférieure du pied. La mode changea subitement vers 1726, les talons devinrent très bas
et l'extrémité des souliers s'arrondit. « Les
gens de la taille la plus médiocre s'assujettis-
sent à cette mode, disait le Mercure de France.
Les hommes du bel air portent des boucles de
diamant; les boucles d'argent et assez grandes
sont encore fort en vogue[1]. »

Quatre ans après, les bas blancs ayant remplacé les bas de couleur, les souliers blancs
firent leur apparition. Consultons encore le
Mercure : « Les bas blancs ont mis les souliers
blancs à la mode ; on les porte à demi arron-
dis, à l'angloise, et le talon fort gros et couvert de la même étoffe. On porte également
des mules arrondies. Les souliers longs et
pointus, avec la pièce renversée sur la boucle,
ne sont plus à la mode[2]. »

Le règne de Louis XVI modifie tout cela.
Les femmes se grandissent au moyen de talons
tellement élevés qu'ils rendent la marche
presque impossible. Pour conserver leur équi-
libre, les dames doivent s'aider d'une canne
et raidir leur corps sans cesse rejeté en avant.

---

[1] Numéro de mai 1726, p. 950.
[2] Numéro d'octobre 1730, p. 2315.

« Sans cet effort pour reporter le corps en
arrière, écrit le comte de Vaublanc, la poupée
serait tombée sur le nez[1]. » En 1786, les
couleurs en vogue étaient soit le *puce*, soit les
*cheveux de la reine*[2]; on les appliqua aux souliers, qui ne furent jamais l'objet d'un plus
grand luxe : « C'est surtout sur ce point que
les femmes concentrent leur magnificence.
Ils sont brodés en diamans et elles n'en portent guère que là ; aussi rien n'est si beau que
le pied d'une femme. Les dames aujourd'hui
n'osent se montrer que lorsqu'elles ont le pied
comme un écrin. Les souliers sont étroits et
longs, la raie de derrière est garnie d'émerau-
des : on l'appelle la *venez-y-voir*[3]. »

La chaussure des hommes se distinguait
surtout par l'énorme boucle qui la surmontait,
et qui en vint à couvrir presque entièrement
l'empeigne. « Les hommes portaient des boucles d'argent si grandes qu'elles rasaient le
parquet des deux côtés ; elles blessaient souvent les chevilles, et, si le coup était violent,

---

[1] *Mémoires*, édit. Barrière, p. 136.
[2] Voy. *Teinturerie et deuil*, p. 111.
[3] *Souvenirs du marquis de Valfons*, 1860, in-18, p. 416.
— Passage emprunté à Hurtaut et Magny, *Dictionnaire
historique de Paris*, publié en 1779, t. III, p. 556.

c'était une vraie blessure. Elle se renouvelait souvent par des coups successifs, et produisait une plaie douloureuse. Je l'ai éprouvé, et, après avoir souffert courageusement ces effets de notre divinité, la mode , je fus forcé d'y renoncer, et de souffrir, avec un courage plus difficile, les sarcasmes des hommes d'esprit sur mes petites boucles [1]. »

Les bottes à revers, importées d'Angleterre vers 1779, eurent d'abord peu de succès. La mode ne les adopta définitivement qu'à l'aurore de la Révolution.

En 1777, les cordonniers le plus en renom· étaient les sieurs :

BANDELIER, *rue de l'Arbre-Sec, au roi de Danemark,* tient fabrique et magasin de souliers pour homme et pour femme, dessus de pantoufles brodés, etc.

BERNARD, *rue Mauconseil,* cordonnier ordinaire de Mesdames.

CHARBEY, *rue de Grenelle, à la botte d'Angleterre,* renommé pour les bottes à l'angloise et souliers à triple couture.

CHARPENTIER , ·*cul-de-sac de la Fosse aux Chiens,* cordonnier ordinaire de Madame la

[1] Comte de Vaublanc, *Mémoires,* p. 139.

comtesse du Baril[1] et autres dames de la Cour.

DARIDAN, *rue Dauphine*, bottier ordinaire de la Maison du Roi.

DIEBREST, *rue Mazarine*, pour la coupe des brodequins et bottes de théâtre.

GENEOUX, *rue de Bussy, à l'hôtel de Bussy*, est des plus renommés pour l'élégance, travaille pour plusieurs princes et seigneurs de la première qualité.

THOMAS, *rue Grenier-Saint-Lazare*, renommé pour les bottes à l'angloise à double couture, de véritable cuir de Liège, à l'épreuve de l'eau.

CHOISI, *rue d'Argenteuil*, un des plus habiles et des plus renommés pour femmes; travaille pour madame la comtesse d'Artois.

ROGUEL, *rue du Four-Saint-Germain*, travaille pour Madame Victoire et autres princesses de la Cour.

LE BRUN, *rue Pavée-Saint-Sauveur*, cordonnier ordinaire des Menus Plaisirs du Roi et de l'Opéra.

LAGARDÈRE l'aîné, *rue du Petit-Lion-Saint-Sauveur*, pour la coupe des souliers.

LAGARDÈRE le jeune, *rue Bertin-Poirée*, ci-

---

[1] Sic, pour Dubarry.

devant premier garçon de M. Lulier, cordonnier ordinaire du Roi, et renommé pour la
coupe des souliers.

Lulier, *rue du Petit-Lion-Saint-Sauveur*,
cordonnier ordinaire du Roi, des Enfans de
France et de Monseigneur le duc d'Orléans.

Poirot, *rue Ticquetonne*, chausse plusieurs
princesses et dames de la Cour.

Potot, *rue du Petit-Carreau*, vis-à-vis celle
de Thévenot, fait toutes sortes de souliers
d'hommes, bottes de toutes espèces, dont les
semelles passées au suif, d'une manière qui
lui est particulièrement connue, les rend très-
souples et à l'épreuve de l'eau.

Soudé, *rue Dauphine, à la grosse Botte d'or*,
successeur du sieur Waltrain, bottier ordinaire du Roi, de Mgr le Dauphin, des princes
et seigneurs de la Cour, des Chevaux-Légers,
et de l'École royale militaire.

Cottenet, *rue des Vieux-Augustins*, un des
plus habiles et des plus renommés pour la
coupe des bottes à l'angloise et bottes de
chasse ; travaille pour Monseigneur le duc de
Chartres, le prince de Lambesc et autres seigneurs de la Cour, et fournit la véritable cire
luisante et non graisseuse d'Angleterre qui
noircit le cuir sans l'altérer.

D'après Rétif de la Bretonne.

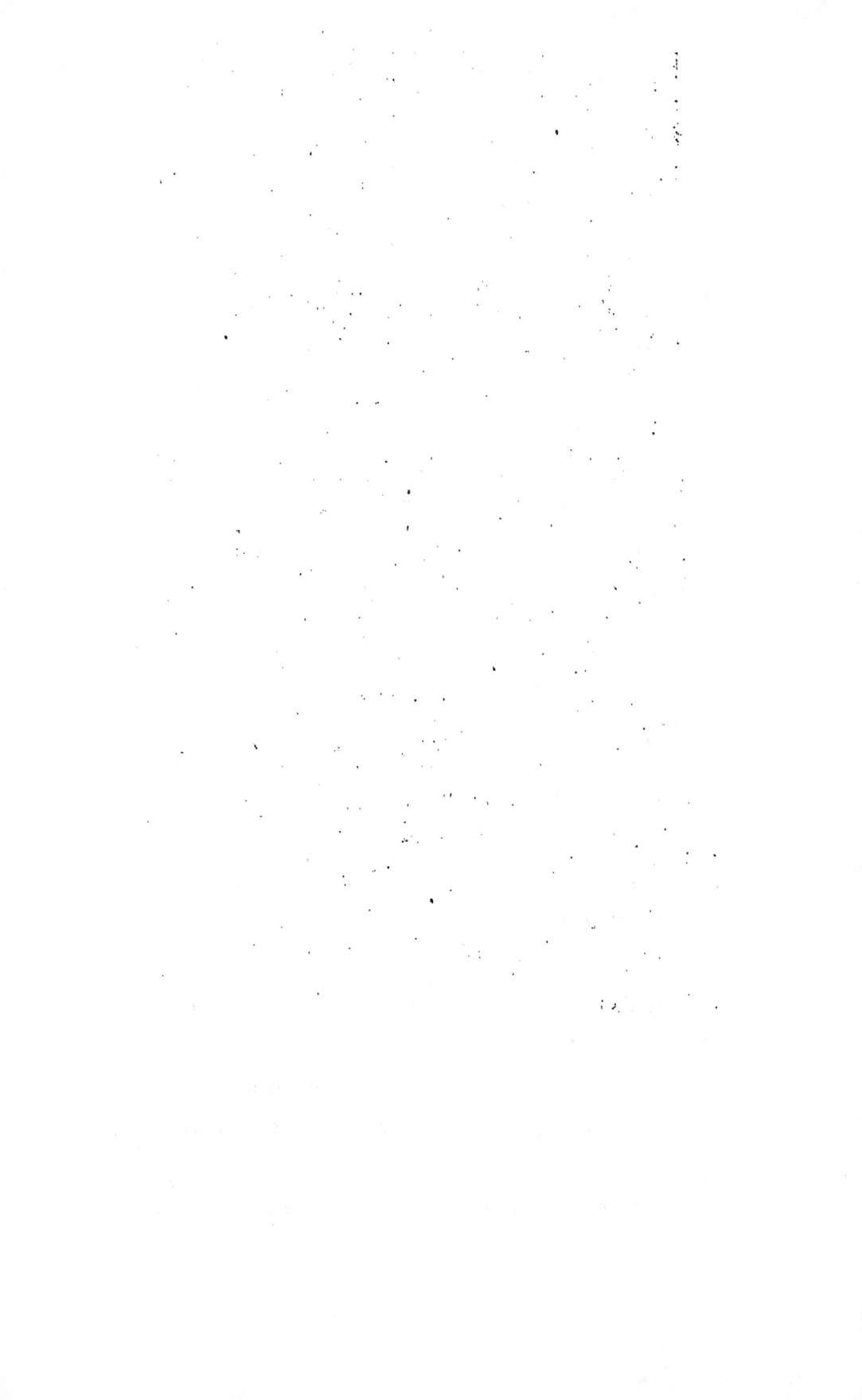

Féry, *rue Coquillère, à l'hôtel de Calais,* cordonnier de S. A. S. Monseigneur le duc de Chartres.

Fourner, *rue Pavée-Saint-Sauveur,* très fameux, fournit particulièrement la Robe et la Finance.

Simonin, *rue de la Croix-Blanche,* cimetière Saint-Jean, travaille pour Madame la duchesse de Bourbon [1].

Jusque vers la fin du dix-huitième siècle, les magasins, même le plus en renom, étaient d'une extrême simplicité. A part de rares exceptions, l'on n'y voyait aucune décoration, ni peinture, ni glaces, ni étalage. Puis, tout changea, et les boutiques commencèrent à afficher un luxe qui, selon toute apparence, nous paraîtrait aujourd'hui bien mesquin. Je lis dans un ouvrage publié en 1826 : « Voyez et admirez la propreté et la recherche qui règnent jusque dans la boutique des cordonniers. Rien n'y manque : glaces, chaises à lyre, comptoir d'acajou, tablettes façon même bois, tapis de pied, vitrages au travers desquels sont rangés, dans le plus bel ordre, des milliers de paires de souliers de toutes les

---

[1] *Almanach Dauphin,* art. cordonniers et supplément.

mesures, de toutes les modes, de toutes les couleurs. A ces ornemens il faut ajouter cinq ou six jeunes bordeuses, proprement vêtues, qui travaillent sous l'inspection de la maîtresse, dont le costume rivalise avec celui des femmes d'une profession plus relevée [1]. »

A dater des huit ou dix années qui précédèrent la Révolution, le cordonnier ne fut guère moins changé que sa boutique. Il portait un habit noir, une perruque bien poudrée ; il avait l'air d'un greffier, dit Sébastien Mercier. Et il ajoute :

Il entre, il se met aux genoux d'une femme charmante. « Vous avez un pied fondant, madame la marquise (prenant le soulier fait par son devancier), mais où avez-vous été chaussée? à Paris, ces gens-là ne raisonnent pas. Vous avez dans le col du pied une grâce particulière : elle n'est point saillante dans ce soulier visigot. Quoi! de la poussière? Est-ce que vous marchez, madame la marquise? En ce cas, vous ne devez reposer que sur un point. Je suis glorieux d'habiller votre pied ; j'en ai pris le dessin ; j'en confierai l'exécution à mon premier clerc ; il est expéditif ; jamais son talent ne s'est prêté à la déformation. Je vous salue, madame la marquise [2]. »

---

[1] *Vie publique et privée des Français,* t. II, p. 213 et 217.

[2] *Tableau de Paris,* t. XI, p. 18.

Ces importants personnages rêvaient parfois pour leurs enfants des destinées plus
hautes encore, et ne ménageaient rien pour
leur instruction. On sait, par exemple, que le
poète Jean-Baptiste Rousseau était fils d'un
cordonnier de la rue des Noyers, qui avait
exercé les principales charges de la communauté [1].

Aucune des corporations de Paris n'avait
une organisation plus compliquée que celle
des cordonniers, et ne comptait un si grand
nombre de dignitaires. C'étaient :

Un *doyen*.

Un *syndic,* élu pour un an, et une seule fois
rééligible.

Deux *maîtres des maîtres,* appelés aussi *visiteurs des visiteurs,* choisis parmi les plus anciens maîtres ayant été jurés. Véritables ad-
ministrateurs de la communauté, ils la représentaient en justice et réglaient les différends
qui s'élevaient entre les maîtres.

Deux *jurés du cuir tanné,* dits aussi *jurés
du marteau.* Conjointement avec les jurés des
tanneurs et des corroyeurs, ils appliquaient
une marque spéciale sur les cuirs apportés
à la halle et trouvés de bonne qualité.

---

[1] Voy. A. Jal, *Dictionnaire critique,* p. 1088.

Deux *jurés de la chambre*, plus spécialement occupés de la comptabilité.

Quatre *jurés de la visitation royale*, qui devaient, tous les trois mois, faire une visite générale des boutiques.

Douze *petits jurés*, chargés de visites moins minutieuses, d'inspecter les boutiques des savetiers et de surveiller les chambrelans.

Tous ces officiers étaient élus, le lendemain de la Saint-Louis, dans la halle aux cuirs, en présence du procureur du roi au Châtelet ou de son substitut.

La communauté entretenait encore à la halle :

Un *clerc*.

Trois *lotisseurs*.

Trois *gardiens*.

Cette organisation subsistait intacte à la fin du dix-huitième siècle. On comptait alors à Paris de 1800 [1] à 1824 [2] maîtres qui s'étaient d'eux-mêmes divisés en trois classes : cordonniers pour hommes, cordonniers pour femmes, cordonniers pour enfants, et bottiers, tous composant une même corporation. L'apprentissage était de quatre années au moins. Chaque

---

[1] Année 1773.

[2] Année 1779.

maître ne pouvait avoir à la fois plus d'un ap
prenti et de huit compagnons, non compris ui
*goret* ou maître garçon[1]. Tout compagnoi
resté trois jours sans emploi était emprisonné
au Châtelet; celui qui s'établissait ne pouvait
ouvrir boutique dans le quartier qu'habitait
son dernier maître. Toute chaussure devait
porter sur la semelle du talon les initiales du
cordonnier qui l'avait faite; la même marque
devait se trouver à l'intérieur du quartier pour
les souliers et au dedans de la genouillère
pour les bottes.

Les cordonniers avaient pour patrons saint
Crépin et saint Crépinien, « qui furent cor-
doanniers en leur vivant. » C'est au moins ce
qu'affirment les lettres patentes du 6 juillet 1379[2], qui autorisent les «varlez cordoan-
niers» à relever la confrérie qu'ils avaient fondée cinq cents ans auparavant. Ces lettres
furent renouvelées, presque dans les mêmes
termes, le 23 mai 1430[3]. Les maîtres avaient
vu de mauvais œil leurs ouvriers entrer dans

[1] Sentence de police du 6 juillet 1720.
[2] Publiées par G. Fagniez, *Études sur l'industrie*, p. 283.
Voy. aussi Ducange, au mot festum.
[3] Publiées par Longnon, *Paris pendant la domination
anglaise*, p. 310. Ces dernières lettres font remonter l'origine de la confrérie à « cinquante ans et plus. »

cette voie, et ils leur suscitèrent des querelles sans cesse renaissantes. Les deux confréries n'en survécurent pas moins ; seulement les maîtres fêtaient la leur le 25 octobre, jour consacré à saint Crépin et saint Crépinien, tandis que les ouvriers se réunissaient le deuxième dimanche de mai, jour dédié à l'invention [1] des deux saints [2].

M. Forgeais a publié le dessin d'un méreau appartenant au quinzième ou au seizième siècle, et qui représente d'un côté une scène du martyre de saint Crépin et de saint Crépinien, de l'autre la Vierge assise, tenant une fleur de lys dans la main droite et l'enfant Jésus sur le bras gauche [3]. Les mêmes saints figuraient sur une tapisserie, datant du règne de Louis XIII, qui avait été commandée par la corporation et qui est exposée aujourd'hui dans le musée de la manufacture des Gobelins [4].

La communauté des cordonniers avait pour armoiries : *D'azur, à un Saint-Crépin et un*

---

[1] Découverte des reliques.

[2] Voy. Le Masson, *Calendrier des confréries*, p. 37 et 64.

[3] *Numismatique des corporations parisiennes*, p. 80.

[4] *Bulletin de la Société de l'histoire de Paris*, t. V (1878), p. 181.

*Saint-Crépinien d'or, tenant l'un un tranchet d'argent et l'autre un couteau à pied [1] de même, tous deux emmanchés de sable [2].*

Pendant plusieurs siècles, les cordonniers étaient tenus, les jours de marché, d'exposer leurs marchandises aux halles, sous les dix-sept premiers piliers de la rue de la Tonnellerie, du côté de la rue Saint-Honoré ; c'est de là qu'avait pris son nom la *rue de la Cordonnerie,* qui fut supprimée vers 1860, lors de la création des halles centrales. En 1674, un arrêt du Parlement défendit aux maîtres établis de vendre ailleurs que chez eux, et les piliers furent mis à la disposition des maîtres trop pauvres pour tenir boutique ; chaque fois qu'une de ces places se trouvait vacante, le nouveau titulaire était désigné par la corporation. D'autres rues de Paris conservèrent le souvenir de la communauté. La rue des Fourreurs et la rue de la Tabletterie, sa continuation, s'appelèrent *rue de la Cordouannerie* au quatorzième siècle [3] et *rue de la Vieille-Cordonnerie* au dix-

---

[1] Instrument plat, en acier fort tranchant, affectant la forme d'un segment de cercle, et muni d'un manche en bois.

[2] *Armorial général de* 1696, t. XXV, p. 541.

[3] Guillot, *Dit des rues de Paris,* vers 259.

septième[1]. Le cul-de-sac Saint-Barthélemy, situé derrière l'église de ce nom, s'est appelé, au treizième siècle, *vicus Cordubenarius* et *rue des Cordouagners*[2].

La communauté des savetiers a aussi donné son nom à plusieurs rues. Dès le treizième siècle, une rue de la Cité s'appelait *Cavateria;* à dater du quatorzième, elle devint *rue de la Çavaterie* ou *Savaterie*, et c'est au dix-huitième seulement qu'elle se changea en *rue Saint-Éloi*[3], dénomination conservée jusqu'à sa suppression en 1860. Vers le milieu du quinzième siècle, une petite rue des halles était dite *rue aux Savetiers*[4], mais on ne connaît pas exactement sa situation. Au dix-huitième siècle, ce commerce était surtout actif dans les rues de la Calandre et de la Poterie, sur le Pont-Neuf, aux Halles, etc. : « il s'y débite des vieux souliers refaits ou de hasard, tant pour hommes que pour femmes et pour enfans. C'est une grande commodité pour ceux qui sont bornez et n'ont pas beaucoup d'argent à mettre à une paire de souliers[5]. »

[1] Voy. le plan de Gomboust.
[2] Jaillot, quartier de la Cité, p. 27 et 45.
[3] Jaillot, quartier de la Cité, p. 50.
[4] Sauval, *Recherches sur Paris*, t. III, p. 338.
[5] Liger, *Le voyageur fidèle*, p. 402.

Le nombre des savetiers, qui ne dépassait guère 1300 en 1725, était alors de 2000 environ. L'édit de 1776 déclara leur métier libre, mais, dès l'année suivante, ils sollicitèrent comme un honneur d'être réunis à la communauté des cordonniers [1].

Sébastien Mercier a consacré au savetier, vers 1785, un article long et curieux, qui peint d'après nature ce modeste industriel, et dont quelques passages méritent d'être reproduits [2] :

Pourquoi le savetier a-t-il l'air plus content que le cordonnier? La Fontaine l'avoit déjà remarqué avant moi : c'est qu'il est moins orgueilleux et qu'il a toujours plus d'ouvrage qu'il n'en peut faire; on lui apporte la besogne, tandis que le cordonnier est obligé de l'aller chercher. Réparateur heureux de la chaussure humaine, il vit en plein air, tient peu de place, ce qui est le caractère du vrai sage. Il chante et travaille, travaille et chante, et il a le droit de battre sa femme quand elle est insolente, privilège que les grands seigneurs n'ont pas.

Au coin d'un carrefour, il regarde tous les pas-

---

[1] « Sur ce qui a été représenté au Roi que plusieurs maîtres de l'ancienne communauté des savetiers désiroient réunir à leur profession celle de cordonnier... » *Arrêt du Conseil d'État du Roi qui permet aux maîtres de l'ancienne communauté des savetiers de se réunir aux cordonniers.* 6 février 1777.

[2] *Tableau de Paris*, t. XI, p. 21.

sans; c'est le premier témoin des événemens publics et le premier juge des rixes. Rien ne gêne sa vue, ni son prononcé sur tout ce qui se passe autour de lui. S'il parait imprégné d'une insouciance philosophique, il en sort pour condamner ou absoudre charretiers, fiacres[1], crocheteurs qui se disputent sans fin; il élève la voix, parle au public, et sa sentence prévaut...

Le savetier, vivant sous l'œil de tout son quartier, ne connoît point cette fausseté hypocrite qui se cache dans les boutiques. Il prend avec rudesse la main de la servante, et la barbouille d'un gros baiser, en serrant amoureusement sa croupe. Il connoît les cabarets des Porcherons, des boulevards, la différence, la qualité et le prix des vins, et il vit le dimanche avec les petits-maîtres de la Courtille. Là, il a horreur de l'eau et des buveurs d'eau...

C'est un citoyen paisible; car la seule chose qu'il trouve à réformer dans le gouvernement, c'est la cherté du cuir, devenu plus mauvais depuis qu'il est plus cher. Il est ordinairement fidèle à sa boisson comme à sa femme, car il aime l'unité en tout. Son domicile est fixe, et s'il a commencé la journée par l'eau-de-vie, il finit par l'eau-de-vie; s'il a commencé par le vin ou par la bière, il achève par la même boisson. Les savetiers font plus gagner les fermiers généraux que ceux-ci ne font gagner les savetiers.

---

[1] Nom que l'on donnait alors aux cochers de fiacre. Voy. *La vie de Paris sous la Régence,* p. 218.

Ils se marient encore comme les anciens bourgeois de Paris, ils dépensent le jour de leurs noces le produit d'une année de leur travail. C'est un mal qui tourne au profit de la ferme[1]. Mais quoi ! de temps immémorial ils aiment à boire; le centre du bonheur pour un savetier est le cabaret.

Il a un coup d'œil de la plus grande justesse. Cet élégant qui passe et qui fait le faraud, eh bien! son soulier a été ressemelé; il a un bel habit parce que le tailleur lui a fait crédit, mais il n'a pas trouvé un cordonnier. Le savetier distingue tout cela. Il distingue encore les filles sages et économes de son quartier; elles font ressemeler leurs souliers, tandis que les autres, gagnant de l'argent avec une coupable facilité, dédaignent le ressemelage. C'est lui qui met des bouts neufs aux servantes; il reconnoît à la chaussure celle qui marche droit d'avec celle qui marche de travers. Il exerce un métier innocent, et pour peu qu'il soit absent, on voit qu'il manque. Il est inhérent au carrefour comme le carrefour l'est à la ville. A sa mort, c'est un vide, et les servantes font son oraison funèbre...

Je ne dois pas omettre, à la louange du savetier, qu'il est doué d'une modestie rare, et malheureusement peu connue de tous les autres états. Logé comme Diogène, il dédaigne tous les titres fastueux. On ne voit point inscrit sur le fronton de son atelier : *Magasin de savates* ou *Savetier du roi, de la reine, de monseigneur le prince un tel,* encore

---

[1] Au profit des fermiers généraux.

moins de *Suivant la cour*[1]. Une vie sédentaire et
tranquille convient seule à ses talens qui, de leur
côté, suffisent à tous ses besoins; aussi ne le voit-
on point, comme les cordonniers ou les maîtres des
autres professions, louer les bras d'autrui et
prendre un grand nombre de compagnons, sur
lesquels ils font des profits usuraires. Il n'a besoin
que de soi, ne compte que sur soi, et s'il lui arrive
de former quelques vœux, c'est tout au plus de
pouvoir obtenir une place de bedeau dans l'église
de sa paroisse.

Lorsque le cardinal de Rohan étoit à la Bastille[2],
des curieux voulant voir le prisonnier que l'on
promenoit à midi sur la plate-forme, escaladèrent
le grenier d'un pauvre savetier dont l'étroite
lucarne donnoit sur le château terrible. Il gagna
un millier d'écus en prêtant sa lucarne.

Les savetiers avaient choisi pour patron
saint Pierre aux liens, peut-être à cause de
ces paroles de l'ange au prince des apôtres :
« Ceins tes reins et chausse tes sandales[3]. »
Une seule confrérie réunissait à Saint-Pierre
des Arcis maîtres et compagnons le 1er août[4].
Elle existait, paraît-il, «de toute ancienneté,»

---

[1] Voy. *Comment on devenait patron*, p. 244 et suiv.
[2] Il avait été arrêté en août 1785, au début de l'affaire
du collier.
[3] *Actes*, XII, 8.
[4] Le Masson, p. 44 et 68.

mais elle fut « discontinuée et annihilée pendant les guerres, divisions et pestilences, » et des lettres patentes du 3 janvier 1443 se bornèrent à autoriser son rétablissement, en lui imposant de nouveaux statuts [1].

Avant de terminer, je donnerai un souvenir à d'humbles artisans qui occupent, dans l'histoire de la chaussure, une place inférieure encore à celle des savetiers. Je veux parler des décrotteurs. Ils ne sauraient faire remonter bien haut leur origine, car je ne rencontre pas trace de leur existence à l'époque où leur intervention eût été le plus nécessaire. Au seizième siècle, il n'existait guère à Paris que trois carrosses, immenses et lourdes machines, dont l'étroitesse des rues restreignait singulièrement l'usage. Le cheval, la mule et la haquenée avaient le mérite de pouvoir passer partout. C'est assis sur une mule que les légats faisaient à Paris leur entrée solennelle, que les magistrats se rendaient au Palais, que le lieutenant civil s'acheminait vers le Châtelet et que les médecins parcouraient la ville; le docteur Grichard, du *Grondeur*, pièce jouée en 1693, s'en servait encore. L'important

---

[1] Dans les *Ordonn. royales*, t. XVI, p. 666.

était de choisir une bête tranquille, qui n'exposât pas son maître à perdre la gravité recommandée à tous les docteurs par les statuts de l'école [1]. Le duc d'Orléans était monté sur une mule quand il fut assassiné rue Barbette, de même que Saint-Vallier quand il fut conduit à la Grève pour y avoir la tête tranchée. Une haquenée servait de monture aux reines et aux princesses dans les plus imposantes cérémonies [2].

Les chaises à porteurs datent seulement du dix-septième siècle. Jusque-là, l'emploi d'un cheval ou d'une mule permettait seul aux courtisans les plus raffinés d'éviter la boue ; ils se rendaient ainsi chez le roi, ayant souvent leur femme en croupe. On trouve dans les *Monumens* recueillis par Montfaucon « deux courtisans qui vont au Louvre, » tous deux montés sur le même cheval; puis, « un courtisan et sa demoiselle, » celle-ci est en croupe derrière son père [3]. Dans la cour ou à la porte des principaux hôtels, existait un *montoir* de pierre, devant lequel on amenait l'animal; en 1599, le Parlement en fit encore établir un

[1] Voy. *Les médecins*, p. 146.
[2] Voy. Sauval, t. I, p. 187 et 188.
[3] Voy. *Les soins de toilette, le savoir-vivre*, p. 38.

dans la cour du Palais de Justice [1]. Les personnes qui allaient à pied se faisaient accompagner d'un valet les jours de pluie, et changeaient de chaussure avant de se présenter dans une maison. Écoutez encore les *Loix de la galanterie* :

Si les galands du plus bas estage veulent visiter les dames de condition, ils remarqueront qu'il n'y a rien de si laid que d'entrer chez elles avec des bottes ou des souliers crottez, spécialement s'ils en sont logez fort loin ; car quelle apparence y a-t-il qu'en cet estat ils aillent marcher sur un tapis de pied et s'asseoir sur un faut-œil de velours ? C'est aussi une chose infâme de s'estre coulé de son pied d'un bout de la ville à l'autre, quand mesme on auroit changé de souliers à la porte, pource que cela vous accuse de quelque pauvreté, qui n'est pas moins un vice aujourd'huy en France que chez les Chinois, où l'on croid que les pauvres soient maudits des Dieux à cause qu'ils ne prospèrent point.

Quiconque vous soyez donc qui vous trouvez dans la nécessité, vous sçaurez que pour cacher vostre défaut, il faut vous lier d'amitié avec quelqu'un qui ait carrosse et qui vous charrie en beaucoup de lieux où vous aurez affaire, à la charge que vous lui céderez pour tout et que vous serez son flatteur éternel ; ou bien il faudra au moins

---

[1] Sauval, t. I, p. 188.

aller à cheval, non pas avec des housses de cuir
pour garder vos bottes, car céla sent son solliciteur
de procez, mais avec une housse de serge grise ou
de quelqu'autre couleur. Vous pouvez aussi pour
le plus seur vous faire porter en chaise, dernière
et nouvelle commodité [1] si utile qu'ayant esté en-
fermé là dedans sans se gaster le long des chemins,
l'on peut dire que l'on en sort aussi propre que
si l'on sortoit de la boiste d'un enchanteur; et
comme elles sont de loüage, l'on n'en fait la des-
pense que quand l'on veut, au lieu qu'un cheval
mange jour et nuict.

Il faut conclure de tout ceci qu'au milieu
du dix-septième siècle l'industrie des décrotteurs n'existait pas encore. Mais nous savons
qu'elle était déjà florissante au début du siècle
suivant, car Nemeitz écrivait en 1718 : « On
trouve partout des décrotteurs qui s'offrent,

---

[1] Les chaises à porteurs étaient, en effet, d'invention
récente. « La reine Marguerite s'en est servie la première, »
dit Delamarre (*Traité de la police*, t. IV, p. 436.)
Suivant Tallemant des Réaux, l'idée d'établir des chaises
à porteurs publiques serait due à Souscarrière, fils naturel du
duc de Bellegarde (mort en 1646). Ce Souscarrière ayant
passé en Angleterre, y gagna au jeu cinq cent mille francs.
« Il en apporta aussi l'invention des chaises. Pour les faire
valoir, il n'alloit plus autrement, et durant un an on ne
voyoit plus que luy par les ruës, afin qu'on vist que cette
voiture estoit commode. Chaque chaise luy rend toutes les
sepmaines cent solz. » (*Historiettes*, t. V, p. 320.)

avec toutes les flatteries imaginables, à vous décrotter les souliers [1]. »

Nous les voyons, un peu plus tard, divisés en trois classes :

1° Les décrotteurs *résidents*, qui occupaient une place fixe soit dans un carrefour, soit sur les hauts trottoirs du Pont-Neuf ou du Pont-Royal.

2° Les décrotteurs *ambulants*, qui parcouraient les rues en proposant leurs services.

3° Les décrotteurs *au mois*, attachés à des maisons particulières, à des hôtels meublés, etc.

Le métier n'exigeait qu'un capital insignifiant, était simple et facile.

Ils se servent d'une petite sellette pour faire appuyer le pied de celui dont ils doivent décrotter les souliers, d'un mauvais chiffon pour ôter la boue qui est autour du soulier, d'une décrottoire pour enlever ce que le chiffon a laissé, et d'une polissoire pour étendre également la cire ou l'huile mêlée de noir de fumée qu'ils ont répandue sur l'empeigne. Ils ne noircissent le soulier qu'après qu'ils ont passé du blanc d'Espagne sur les boucles avec une petite brosse faite exprès; ils se servent d'une autre pour ôter la crotte qui s'est attachée aux bas en marchant. Ils mettent ainsi ceux qui

[1] *Séjour de Paris*, t. I, p. 118.

n'ont point d'équipage en état de se présenter plus
honnétement dans les maisons où ils ont affaire.

Les décrotteurs attachés à des maisons particulières se tiennent communément dans les hôtels
garnis, où non seulement ils décrottent les souliers
de ceux qui y logent, mais encore nettoyent leurs
habits, leur servent comme valet de chambre et
font leurs commissions. On les prend ordinairement au mois. Avant l'établissement de la petite
poste, leur métier étoit beaucoup plus lucratif,
parce qu'ils étoient ordinairement chargés de porter
dans la ville, d'un quartier à l'autre, les lettres des
particuliers pour les remettre à leurs adresses et
pour en rapporter la réponse [1].

Sébastien Mercier vante surtout l'habileté
des décrotteurs *résidents* installés sur les trottoirs du Pont-Neuf [2]. « La célérité, la propreté, dit-il [3], distinguent ces décrotteurs-là ;
ils sont réputés maîtres... S'il pleut ou si le
soleil est ardent, on vous mettra un parasol
en main, et vous conserverez votre frisure
poudrée. » Et cette délicate attention n'aug-
mentait pas le prix de l'opération : « De temps
immémorial, dans toutes les saisons, à la

[1] Jaubert, *Dictionnaire des arts et métiers*, édit. de 1773,
t. II, p. 14.

[2] On les nommait alors *banquettes*. Voy. *L'hygiène*,
p. 169.

[3] Vers 1780.

porte des spectacles ou ailleurs, quelles que
soient les variations des comestibles ou le
haussement des monnoies, on paie invaria-
blement deux liards pour se faire ôter la crotte
des bas et des souliers [1]. »

Les choses ont bien changé vingt ans après.
Une révolution a passé par là, et d'immenses
progrès se sont accomplis. Si les honorables
décrotteurs que célébrait Mercier revenaient
au monde, ils sembleraient les représentants
d'un autre âge, aussi barbare que lointain.
Écoutez un peintre des mœurs parisiennes à
la fin du dix-huitième siècle :

Tout tend vers la perfection, tout jusqu'à l'art
du décrottage.

Il y a quelques années, un savoyard maladroit,
un grossier auvergnat brossait rudement les souliers sans épargner les bas, et noircissait quelquefois ces derniers aux dépens des autres avec de
l'huile puante mêlée à un peu de noir de fumée.
Aujourd'hui, un artiste muni d'une éponge et de
deux ou trois pinceaux de diverses grosseurs effleure
la chaussure, en enlève à peine la boue et recouvre
le tout d'un cirage noir et brillant.

Entrez dans cette boutique au Palais-Égalité[2],
près du théâtre. On vous offre un fauteuil, un

---

[1] *Tableau de Paris*, chap. 455, t. VI, p. 1.
[2] Le Palais-Royal.

journal; asseyez-vous et lisez, lisez ou plutôt
examinez la gravité de l'artiste décrotteur, et voyez
comme la célébrité a imprimé une sorte de dignité
à ses traits.

Voyez-vous sur ces planches cette foule de souliers et de bottes; c'est *l'ouvrage à la main*, qu'il
ne fait, dit-il, que quand l'autre ne donne plus[1].

Nous savons encore que ces artistes avaient
« une toilette de garçons limonadiers ou res-
taurateurs, » et qu'ils faisaient parfois des
recettes de deux cents francs[2].

---

[1] J.-B. Pujoulx, *Paris à la fin du dix-huitième siècle*
(1801), p. 98.
[2] L. Prudhomme, *Miroir de l'ancien et du nouveau
Paris* (1807), t. I, p. 313.

# LES FOURRURES

## I

La corporation des pelletiers constituée dès le douzième siècle. — Comment réglementée. — Le droit de s'établir s'achète au roi et au grand chambrier. — Origine et histoire du droit conféré au grand chambrier. — Nombre des pelletiers au treizième siècle. — Les fourreurs de chapeaux. — Les fourreurs de robes de vair. — Organisation d'une société de secours mutuels en 1318. — Emploi général des fourrures. Le drap étoffe de luxe. — Au moyen âge, le costume ne varie pas suivant les saisons. — Le surplis des ecclésiastiques. — Principales fourrures en usage aux treizième et quatorzième siècles. — L'hermine. — La martre. — Le petit-gris, le vair et le menu-vair. — L'agneau. — La bièvre. — Le lapin. — La genette. — Le chat sauvage et le chat domestique. — L'écureuil. — Le louveteau et le loup. — Le chien. — Le renard. — Le lièvre. — La fouine. — Teinture des fourrures. — Remise à neuf des fourrures avariées.

La corporation des pelletiers [1] était constituée dès 1183, car à cette date Philippe-Auguste lui accorda, moyennant soixante-

[1] Dits *peletiers, pelliciers, pelletarii, pellicerii, pelliciarii, pellifices, pellinarii, pelliones, pelliparii,* etc.

treize livres de cens, dix-huit maisons confis-
quées sur les juifs qu'il venait d'expulser[1].
Ces maisons étaient situées près du Palais,
dans une rue qui ne tarda pas à prendre le
nom de *rue de la Pelleterie*. Devenue ensuite
*rue de la Vieille-Pelleterie*, une partie du quai
aux Fleurs et du tribunal de commerce actuels
ont été établis sur son emplacement.

Au siècle suivant, les pelletiers sont mentionnés dans le *Dictionnaire* de Jean de Garlande, dont je reparlerai tout à l'heure. Ils ne
soumirent cependant pas leurs statuts à l'homologation du prévôt Étienne Boileau, et
n'ont point dès lors de chapitre spécial dans
le *Livre des métiers*. De courtes mentions,
éparses un peu partout dans ce recueil, four-
nissent seules sur leur compte quelques détails
précieux.

Le métier jouissait du droit de hauban[2],
pour lequel chaque maître payait une somme
de six sous huit deniers[3]. La faculté de s'établir s'achetait onze deniers au roi. Mais le roi
avait concédé une partie des revenus et la
juridiction professionnelle des pelletiers à son

---

[1] Sauval, *Antiquités de Paris*, t. II, p. 477.
[2] Voy. ci-dessous, p. 284.
[3] *Livre des métiers*, II⁰ partie, titre VIII, § 9.

grand chambrier [1], à qui il fallait encore
verser quatorze deniers ; sans compter un
droit de bienvenue qui s'élevait à douze deniers [2], et qui semble avoir été destiné à
couvrir les frais d'un *past* ou repas de corps.
Chaque ouvrier pelletier devait en outre payer
tous les ans, « à la Penthecoste, » un denier
au chambrier [3]. Un arrêt du 23 décembre 1367
enleva à ce grand officier de la couronne son
droit de juridiction pour le transférer au roi.
Il lui fut restitué le 2 mars 1369, en vertu
d'un accord dont les dispositions nous prouvent que la communauté était alors administrée par quatre jurés. Un autre arrêt, daté
du 2 mars 1378 [4], confirma le grand chambrier
dans ses droits « de correction et visitation de
la marchandise de pelleterie. » Assisté des
quatre jurés de la communauté, son représentant pouvait visiter les boutiques des pelletiers, relever les contraventions et les dénoncer
au prévôt de Paris, qui infligeait la peine. Le
privilège d'inspecter et de réformer le com-

---

[1] Sur les concessions de cette nature, voy. ci-dessus,
p. 193.

[2] *Livre des métiers*, IIe partie, titre xxx, § 18.

[3] *Ibid.*, titre lxxvi, statuts des fripiers.

[4] Dans Ducange, *Glossarium*, au mot camerarius. — Delamarre (*Traité de la police*, t. I, p. 149) dit 2 mars 1368.

merce de la pelleterie ne fut repris au chambrier de France qu'en octobre 1545 [1].

La *Taille de* 1292 mentionne 214 pelletiers, celle *de* 1300 en cite 344. Les fourreurs sont sans doute compris dans ces chiffres, car la *Taille de* 1300, qui seule en indique, se borne à enregistrer 3 « fourreurs de chapeaux. »

Ces derniers ornaient de riches fourrures les chapeaux de feutre, alors fort à la mode, et garnissaient d'une manière moins luxueuse les bonnets qui se portaient sous le heaume ou casque pour protéger la tête. Ils formaient déjà, sous le nom de « fourreurs et garnisseurs de chapiaus, » une corporation particulière dont nous possédons les statuts[2]. On y voit que :

Trois conditions étaient exigées pour s'établir. D'abord payer au roi cinq sous et aux jurés de la communauté trois sous; ensuite, prouver que l'on possédait une somme suffisante et que l'on connaissait bien le métier, « qu'il saiche fere le mestier et il a de quoi. » La preuve de capacité consistait à « fourrer de touz poins un chapel. »

---

[1] Delamarre, *Traité de la police,* t. I, p. 149 à 151. — Voy. aussi, à la Bibliothèque nationale, les manuscrits Delamarre, *Arts et métiers,* t. VIII, p. 88 et suiv.

[2] *Livre des métiers,* titre XCIV

Chaque maître ne pouvait avoir à la fois que deux apprentis, et la durée de l'apprentissage était de cinq ans au moins.

Il était interdit de travailler à la lumière, « puis que chandeilles soient allumées. »

La corporation était administrée par deux jurés.

Comme condition de fabrication, on exigeait qu'une seule qualité de fourrure fût employée pour un même chapeau, « aussi bonne dedans comme par dehors, soit ou tout viez ou tout nuef. » En outre, le fourreur qui recevait un chapeau défectueux devait le remettre entre les mains d'un des jurés des chapeliers.

Ces statuts furent confirmés, sans aucun changement, par Charles IV en mars 1324, à la demande des intéressés, « ad supplicacionem mercatorum et fourratorum cappellorum de fultro Parisius [1]. »

L'aristocratie du métier paraît avoir été représentée par les fourreurs de robes de vair, que la *Taille de* 1313 nomme « courroueurs de panne[2] vere » et une pièce du quatorzième siècle[3] « conreeurs de robes vaires. » Dès

---

[1] Voy. les *Ordonn. royales*, t. XI, p. 493.

[2] *Pane, panne, penne* signifiaient fourrure.

[3] Publiée par G. Depping, *Ordonn. relatives aux métiers*, p. 426.

1318, ils avaient formé, en dehors de toute préoccupation religieuse, une véritable société de secours mutuels, destinée à venir en aide aux ouvriers que la maladie condamnait au chômage. Le 10 février, le prévôt de Paris homologua les statuts de cette société qui ont été retrouvés et publiés par M. G. Fagniez [1]. Les ouvriers qui voulaient participer aux avantages de l'association payaient un droit d'entrée de dix sous six deniers et versaient une cotisation de un denier par semaine. On cessait d'avoir part à l'assistance quand les versements en retard dépassaient dix deniers. Six personnes élues chaque année par la communauté recevaient les cotisations, qui étaient employées exclusivement à secourir les ouvriers malades. On leur fournissait trois sous chaque semaine pendant tout le temps que durait leur incapacité de travailler; trois sous encore pendant la semaine où ils entraient en convalescence; trois sous enfin « pour soy efforcer, » c'est-à-dire pour leur permettre de reprendre des forces, de se rétablir complètement.

Nous avons dit qu'il y avait à Paris 214 pel-

---

[1] *Études sur l'industrie*, p. 290. — Voy. ci-dessous, p. 337.

letiers-fourreurs en 1292 et 347 en 1300 ; on
n'y comptait à la première de ces dates que
19 drapiers et 56 à la seconde. L'énorme dis-
proportion qui existe entre ces chiffres permet
de conclure que le drap était encore à cette
époque une étoffe de luxe, tandis que les
fourrures et les peaux servaient de vêtements
aux personnes de toutes les conditions. Du
douzième au quatorzième siècle, la vogue des
fourrures ne fit que s'accroître, et l'on n'en
usait pas avec le ménagement qu'on y met
aujourd'hui, même dans les maisons les plus
riches ; un roi qui n'était pas un prodigue,
Philippe le Long, employa durant le second
semestre de l'an 1316, pour la fourrure de
ses vêtements, 6,364 ventres de petit-gris [1].

Les couvertures des lits, les couvre-pieds
étaient faits de pelleteries [2], et l'on en portait
en tout temps. Il semble bien qu'au moyen
âge, le costume ne variait pas suivant les saisons. S'il faisait froid, l'on ajoutait un ou
plusieurs vêtements à ceux de dessous ; on
les supprimait quand la température s'adou-
cissait.

---

[1] *Compte de Geoffroi de Fleuri*, argentier de Philippe
le Long, p. 11 et 12.

[2] Voy. *Le ménagier de Paris*, t. I, p. 169 et 172.

Il est difficile de s'expliquer comment nos
aïeux pouvaient supporter des habits aussi
chauds, car durant les treizième et quatorzième siècles, l'on se couvrait de pelleteries
l'été comme l'hiver. Dans cette dernière saison, il n'est pas rare de voir figurer, à l'article
d'un seul costume, deux ou trois vêtements
qui se mettaient les uns sur les autres, et qui
tous étaient doublés d'épaisses fourrures. Pour
soutane, les ecclésiastiques portaient un *pelisson*, ample vêtement formé de pelleteries
enfermées entre deux étoffes; au moment
d'officier, ils le recouvraient d'une tunique
flottante de lin, qui prit le nom de surplis,
*super pelles* ou *super pellicium*.

Jean de Garlande nous apprend que, de son
temps (vers 1250), les fourreurs employaient
surtout les peaux d'agneau, de chat, de renard,
de lièvre, de lapin, d'écureuil, d'hermine, de
loutre, de belette, de petit-gris, de martre
zibeline et de loir[1]. On peut y ajouter le

---

[1] « Pelliparii ditantur per sua pellicia et penulas et fur-
raturas de pellibus agninis, partim catinis, partim vulpinis,
partim leporinis. Item, pelliparii vendunt pelles deliciosas
cuniculorum et cyrogrillorum, experiolorum qui minores
sunt cyrogrillis secundum Ysidorum, lustriciorum, muste-
larum. Sed carius vendunt cisinum et urlas de sabelino et
laerone. » *Dictionarius,* p. 25.

chien, le loup, le daim, la chèvre et le chevreau, la genette, le blaireau, la fouine et le
mouton [1].

L'hermine [2] était une des plus recherchées.
Ce petit animal, de la taille d'un fort rat, a
le pelage blanc et l'extrémité de la queue d'un
beau noir. Les pelletiers utilisaient ces extrémités en les disposant symétriquement sur
le reste de la fourrure pour en faire ressortir
la blancheur. Au besoin, ils remplaçaient ces
queues d'hermines par de petits morceaux de
peau d'agneau noir. On trouve cités dans les
inventaires de riches manteaux où entraient
plus de mille peaux d'hermines [3]. En 1387,

---

[1] Le *Livre des métiers* (1268) cite, dans le chapitre concernant « toute manière de peleterie : »

| | |
|---|---|
| Le vair. | La loire (*loir*). |
| Les escuriaus. | Le rosereul (*hermine*). |
| Les lièvres. | Les gourpiz (*renards*). |
| Les connins (*lapins*). | La faine (*fouine*). |
| Le chevrel (*chevreuil*). | Le chat sauvage. |
| L'ainguel (*agneau*). | Le chat de feu ou de fouier |
| Le mouton. | (*de foyer*). |
| Les brebiz. | |

(IIe partie, titre xxx.)

[2] Le *Livre des métiers* la nomme *rosereul, roseruel,
roussereul* (IIe partie, titre xxx, art. 8.) Ces mots désignent
bien l'hermine et non la belette, comme le dit le glossaire
joint à la dernière édition de cet ouvrage (1879, in-4°).
L'hermine prend, en vieillissant, une légère teinte de roux
ou de fauve.

[3] « Mille ventrées de menu vair pour fourrer deux man-

Charles VI achète à son pelletier Jehan Mandole 860 queues d'hermines « pour mettre et asseoir sur un manteau de veluiau [1] fourré d'ermines [2]. »

Ducange prétend que ces peaux nous arrivaient surtout d'Arménie, pays qui leur aurait donné son nom, « car en vieux françois on disoit Hermenie au lieu d'Armenie et Hermins au lieu d'Armeniens. Ville Hardouin, parlant de Léon, premier roi d'Armenie ou de la Cilicie, le qualifie sire des Hermines [3]. »

La martre zibeline est de la grosseur d'un chat ordinaire et a la fourrure d'un brun lustré tirant sur le noir. Elle était beaucoup moins recherchée que l'hermine, car je vois qu'en 1387 la famille royale n'acheta que 53 peaux de martres contre 3,396 peaux d'hermines [4]. Il est vrai que, cette même année, les pelle-

---

tels de monseigneur le duc, et onze cent soixante dix dos de gris pour fourrer un autre mantel et une cotte large de soye dudit monseigneur le duc. » *Compte de Jehan de Vertuz,* dans E. Petit, *Itinéraires de Philippe le Hardi et de Jean sans peur,* p. 483.

[1] Velours.

[2] Il était entré dans ce manteau 2,328 hermines. Voy. Douët-d'Arcq, *Nouveaux comptes de l'argenterie,* p. 159 et 162.

[3] *Dissertation sur l'histoire de saint Louis,* dissert. I, p. 3.

[4] *Compte de Guillaume Brunel,* p. 175.

tiers hongrois établis à Paris avaient offert au roi « cent et une peaux de martres subellines. » D'où leur venait ce dernier nom? De l'ancienne Biblium, devenue Zibel ou Zibelet, ville située près d'Antioche [1]? Ce qu'il y a de certain, c'est qu'au dix-huitième siècle les hermines et les martres nous étaient fournies par la Sibérie [2].

Au quinzième siècle, les femmes avaient adopté une mode qui a reparu il y a deux ans, et que je trouve ainsi mentionnée dans un compte de 1467 : « Une martre crue, pour mectre autour du col, où il y a deux rubis qui font les yeulx, ung cuer [3] de dyamant sur le museau, et les ongles et les dens garnys d'or [4]. »

Le petit-gris ou vair est un écureuil du Nord dont les différentes espèces présentent de très nombreuses variétés de gris. Son dos fournissait le petit-gris proprement dit; quant au ventre, qui est souvent blanc comme de l'hermine, on en faisait souvent alterner la fourrure avec celle du dos, et l'on obtenait

[1] Ducange, p. 5.
[2] Savary, *Dictionnaire du commerce*, t. II, p. 346 et 687.
[3] Un cœur.
[4] Comte de Laborde, *Les ducs de Bourgogne*, n° 3,045.

ainsi le *menu-vair*. Je crois que les mots *gros-vair* désignent une qualité moins fine de la même fourrure que le menu-vair.

Il n'est pas rare de rencontrer les mots *vair* et *petit-gris* employés par nos anciens poètes pour indiquer des choses rares et chères. On lit, par exemple, dans le *Roman de Garin le Loherain :*

N'est pas richoise ne de vair ne de gris,

. . . . . . . . . . . . . . . . . . . . . . . . . .

Li cuers d'un homme vaut tout l'or d'un païs[1],

ce qui signifie en français moderne : Ce ne sont pas le menu-vair ni le petit-gris qui constituent la vraie richesse, le cœur d'un homme vaut tout l'or d'un pays.

Le moyen âge fit de ce petit animal une incroyable consommation. Je trouve qu'en dix-huit mois, Charles VI employa pour la doublure de ses vêtements au moins vingt mille ventres de petit-gris, Isabeau de Bavière quinze mille ventres, et le duc de Touraine, frère du roi, quatorze mille[2].

En 1403, accouchait Jeanne de Saint-Pol, femme d'Antoine de Bourgogne, comte de

---

[1] Éd. P. Paris, 3ᵉ chanson, 1ᵉʳ couplet, t. II, p. 218.

[2] *Compte de Guillaume Brunel,* p. 156 et suiv.

Rethel. La liste des fourrures achetées à cette occasion va nous montrer combien on les prodiguait. Colin Vaubrisset, pelletier à Paris, livra :

Pour la couverture destinée au lit de l'accouchée et trois petites couvertures à l'usage de l'enfant, 5,000 ventres de petits-gris.

Pour la doublure de quatre autres couvertures de drap vert, 4,500 petits-gris.

Pour une couverture et une houppelande destinées à « la femme qui garda l'enfant, » 2,000 petits-gris.

Pour doubler les couvertures et vêtements à l'usage des « bercerettes, norrice et femme de chambre dudit enfant, 1,200 dos de connins [1]. »

L'agneau fournissait une pelleterie peu recherchée. Joinville nous raconte que quand saint Louis revint de la Terre sainte, il bannit le luxe de sa Cour, ne voulut plus porter sur lui « ne vair, ne gris. » Pour ses couvertures et ses vêtements on n'employa plus que les peaux de daim, de lièvre ou d'agneau [2]. On estimait surtout l'agneau mort-né et celui de Lombardie. En 1386, Isabeau de Bavière

---

[1] E. Petit, *Itinéraires*, etc., p. 569.
[2] Édit. de 1868, p. 239.

donna à Guillaume Foiret, son fou, une longue houppelande de drap vert doublé de quatre peaux d' « angneaulx blans [1]. »

La bièvre ou castor n'était guère employée que dans la confection des chapeaux [2].

La peau du lapin, dit *conil*, *connin*, etc., fournissait surtout des couvertures de lit. On nommait *connins nostrés* les lapins français, pour les distinguer des lapins d'Espagne, qui étaient beaucoup moins estimés.

La genette, sorte de civette, a le poil gris cendré, marqué de taches noires. Sa fourrure s'unissait parfois à celle du petit-gris, car je vois que Charles VI se fit faire des carcailles [3] « avec deux genestes et douze dos de vair [4]. »

On utilisait aussi le chat sauvage et le chat domestique, celui que le *Livre des métiers* nomme *chat de feu* ou *de foyer* [5]. En 1387, « dame Alips, nayne de la Royne, » reçut de sa maîtresse un surcot doublé en partie avec

---

[1] Douët-d'Arcq, *Nouveaux comptes*, p. 248.

[2] Voy. *Les magasins de nouveautés*, t. III, p. 184 et suiv.

[3] Sorte de collet très relevé.

[4] Douët-d'Arcq, *Nouveaux comptes*, p. 161.

[5] « Piauz de chaz privez que l'on apele chat de feu ou de fouier. » Voy. ci-dessus.

douze peaux de chat[1]. Par la suite, le bas
prix de cette fourrure la fit rechercher ;
l'Espagne, la Hollande, la Russie même nous
expédiaient des peaux de chat[2].

Au quatorzième siècle, les femmes se pas-
sionnèrent pour les écureuils. Isabeau de Bavière, en avait apprivoisé un, qu'elle portait
souvent sur son bras, et dont le cou était orné
d'un collier « brodé de perles. » La fourrure
de cé petit rongeur était aussi fort estimée.
En 1202, l'on acheta, pour les fils de Philippe-
Auguste, des vêtements doublés d'écureuils
et de bièvres[3]. L'on associait volontiers,
paraît-il, notre écureuil à celui du nord ou
petit-gris[4], non dans les habits des grands
seigneurs, mais dans ceux des serviteurs qui
occupaient auprès d'eux un rang distingué.
Je lis, par exemple, dans le *Compte de Guillaume Brunel* pour 1387 :

A Jehan Le Clerc, marchant, demourant à Paris,
pour deniers à lui paiez, qui deubz lui estoient pour
six pannes de gris et d'escureux, contenans 2,100 dos,
achatées de lui le x⁰ jour de may CCCIII^{xx} et VII.

---

[1] *Compte de G. Brunel,* p. 248.

[2] Savary, t. I, p. 704.

[3] *Compte des revenus du roi.* Dans Brussel, *Usage général des fiefs,* édit. de 1727, t. II, p. CLXXXIII.

[4] Voy. *Les animaux,* t. I, p. 130.

pour fourrer les robes de maistre Jehan Perdrier, maistre de la chambre aux deniers [1] de la Royne, et de maistre Jehan de Chastenay, contreroleur de la dicte chambre.

A Berthaut du Val, peletier, demourant à Paris, pour 2,000 dos de gris et d'escureux de Alemaigne, achatés de lui pour fourrer les robes de maistre Ligier d'Angiennes, secrétaire du Roy nostre Sire et de Jehan de Condé, varlet de chambre dudit seigneur [2].

On voit que l'Allemagne nous expédiait des peaux d'écureuil. Il en venait aussi de Calabre et de Lombardie.

La peau des louveteaux servait presque exclusivement à doubler des gants d'hiver. On trouve encore au quatorzième siècle des gants de chat, de lièvre, de chamois, de renard, de cerf, de chien, de martre, de menu-vair. Les gants fourrés étaient dits gants *doubles*, les autres gants *sengles* [3] ou simples. En 1387, sur 236 paires de gants livrées à la famille royale, 190 étaient en chevreau, 19 en chamois et 27 en chien; 15 étaient doublées de

---

[1] Dans les familles royales, l'administration financière de la maison se nommait la chambre aux deniers. Elle fut ainsi désignée jusqu'à la fin du dix-huitième siècle. Voy. *La cuisine,* p. 181.

[2] Pages 251 et 252.

[3] Du latin *singulus.*

louveteau, 56 doublées en peau de chien[1].

Au seizième siècle, l'on attribuait à la peau du loup une étrange propriété. « Elle est, écrit Jacques du Fouilloux, propre à faire manteaux et fourrures, à fin d'estre préservé de poux, punaises et autres vermines qui fuyent la peau du loup comme le feu[2]. »

Le renard était dit au moyen âge *goupil, gourpil, volpil,* etc., mots issus du latin *vulpecula*[3]. Je le vois alors, souvent employé dans la confection des gants. Au dix-septième siècle, la mode s'établit « de porter des manchons de peaux de renard toutes entières, c'est-à-dire avec les jambes, la queue et la tête, à laquelle on conservoit toutes les dents, et où l'on ajoutoit une langue de drap écarlate et des yeux d'émail, pour imiter autant qu'il étoit possible la vérité de la nature, ce qui formoit un effet assez plaisant à la vûë[4]. »

Dans le compte d'Étienne de Lafontaine pour 1352, sur 170 paires de gants fournies au Dauphin et à ses amis, 98 sont des gants de peau de lièvre[5].

---

[1] *Compte de G. Brunel,* p. 215 et suiv.
[2] *Traité de la vénerie,* édit. de 1585, p. 113 verso.
[3] Voy. Ducange, à ce mot.
[4] Savary, t. II, p. 1382.
[5] Pages 135 et suiv.

La fouine, dite alors *foyne*, *faine*, etc., fournissait une fourrure assez commune. En 1459, le duc de Bretagne donna à son fou une robe de velours, couleur tanné, dont le corps fut fourré « en peaux de foynes, » les parements et les revers le furent en peau de chat sauvage [1].

Quant aux « fourreures de poulaine [2], » dont l'emploi paraît avoir été assez rare, Ducange nous apprend qu'il faut y reconnaître une pelleterie importée de Pologne, « pellis ex Polonia, unde nomen, advecta [3]. »

On ne conservait pas toujours aux pelleteries leur couleur naturelle. Les fourrures devenues artificiellement noires ou rouges étaient les plus recherchées, et au mois d'octobre 1359, le roi Jean revisa les statuts des « tainturiers de peaulx noires et rouges ou autres couleurs [4]. »

*Le ménagier de Paris* [5] enseigne aux bonnes ménagères le moyen de remettre à neuf les fourrures avariées, durcies par la pluie. Il leur

---

[1] V. Gay, *Glossaire*, t. I, p. 734.
[2] *Compte de G. Brunel*, p. 248.
[3] Au mot poulainia.
[4] Dans les *Ordonn. royales*, t. III, p. 370.
[5] Composé vers 1393.

recommande de les arroser avec du vin mêlé
à de la fleur de farine; on laissait sécher,
puis on frottait le poil jusqu'à ce qu'il eût
repris son lustre et sa souplesse [1].

## II

Les étoffes de laine remplacent les fourrures. — Les pelletiers dans les *Six-Corps.* — Le hauban. — Statuts de
1586. L'apprentissage, le compagnonnage, le chef-d'œuvre,
les fils de maitre — La rue des Fourreurs. — Statuts de
1621. — Pelleteries en vogue au dix-septième siècle. —
La martre. — L'hermine. — Le loup-cervier. — La
loutre. — Le vautour. — La luberne. — La belette. —
Le chat. — Le renard. — Le lapin. — Le cygne. —
Emploi thérapeutique des pelleteries. — L'odeur du
chat est nuisible. — Propriétés des peaux de l'agneau,
du lièvre, du léopard, du tigre, de la panthère, du lion,
du louveteau, du cygne, de l'aigle, etc. — Décadence de
la corporation des pelletiers. Des maitres redeviennent
ouvriers. — Les palatines, les manchons. — Nombre des
fourreurs au dix-huitième siècle. — Principales maisons
en 1777. — Bureau de la corporation. — Patrons des
fourreurs. — Confrérie. — Armoiries.

A dater de la fin du quatorzième siècle, les
pelleteries sont peu à peu remplacées dans le
costume par les étoffes de soie ou de laine.
Soit que l'usage général les ait rendues plus
rares et plus chères, soit caprice de la mode,

[1] Tome II, p. 66.

l'habitude des fourrures n'existait plus guère sous Charles VII que dans les familles très riches. L'importance des pelletiers suivit la même marche décroissante ; aussi s'efforcent-ils, dès lors, de se rattacher en toute circonstance au passé, où on les avait connus si nombreux et si prospères. Ils prétendaient, sans pouvoir en fournir aucune preuve, avoir occupé autrefois le premier rang dans les *Six-Corps* [1] ; mais, tout en disputant sans cesse le troisième aux merciers, ils durent se contenter du quatrième. Encore obtinrent-ils sans doute cet honneur en raison de leur ancienne opulence ; car, dit Sauval [2], « il est certain que si les Six-Corps avoient à se faire valoir pour le bien, les pelletiers seroient obligez de prendre le bas. » Nous les verrons plus loin refuser de remplacer leurs anciennes armoiries par de nouvelles, et conserver, comme un titre de gloire, la qualification de *haubaniers*, alors que tous les métiers qui avaient eu jadis droit à ce titre y avaient depuis longtemps renoncé.

Disons donc un mot du *hauban*. C'était une

---

[1] Sur les *Six-corps*, voy. *Les magasins de nouveautés*, t. I, p. 34.

[2] Tome II, p. 477.

sorte d'abonnement vis-à-vis du fisc. Moyennant une somme une fois versée, le haubanier se trouvait dispensé de payer au jour le jour une foule de petites taxes, de petites redevances qu'étaient tenus d'acquitter les marchands non haubaniers. Dans l'origine, le hauban se payait en nature; il consistait en un muid de vin[1], dû annuellement au roi à l'époque des vendanges. Mais la plupart des haubaniers ne possédaient pas de vignes, et étaient obligés d'acheter le vin qu'ils livraient à l'échanson royal; ils proposèrent de fournir en argent la valeur du muid. Des contestations s'élevèrent alors au sujet du prix du vin, qui variait chaque année suivant l'abondance de la récolte; aussi Philippe-Auguste rendit-il en 1201 une ordonnance[2] qui fixait la taxe à payer pour le hauban. Le droit de hauban présentait de réels avantages, et était fort recherché. Un certain nombre de métiers pouvaient seuls en jouir, et au sein de ces métiers même n'en jouissaient qu'un certain nombre de maîtres spécialement et personnellement gratifiés de ce privilège.

Henri III réunit « en un seul corps, métier,

---

[1] Le muid représentait alors environ deux hectolitres.
[2] Dans les *Ordonn. royales*, t. I, p. 25.

et communauté » les deux corporations des
pelletiers et des fourreurs, et il leur accorda en
1586 de nouveaux statuts [1] qui, souvent revus
et confirmés dans la suite, régirent la communauté jusqu'à la Révolution.

Le 21 mai de cette année, les pelletiers-
fourreurs, alors au nombre de 31 seulement,
se réunirent « soubs les charniers du mo-
nastère des Billettes, » et approuvèrent les
statuts qui venaient d'être rédigés pour eux.

Les maîtres y sont qualifiés de « marchands
pelletiers, haubaniers, fourreurs. » Ce dernier nom prévalut sur le premier, à leur grand
désespoir ; « il leur déplaît si fort, dit Sauval[2],
qu'il ne tient pas à eux que la rue des Fourreurs, où ils demeurent la plûpart, ne s'appelle la rue des Pelletiers. » Ils ne s'y étaient
établis que vers le commencement du seizième
siècle, mais ils y restèrent. On lit dans le
*Livre commode pour* 1692[3] : « Les marchands
fourreurs qui font le détail des manchons des
hermines, et généralement des marchandises

---

[1] *Ensuivent les ordonnances des maîtres marchands pelletiers, haubaniers, fourreurs de ceste ville et faux-bourgs
de Paris, puis naguère unis et incorporez par lettres patentes du Roy en mesme estat et mestier.*

[2] Tome II, p. 477.

[3] Tome II, p. 38.

de fourrures, sont pour la plupart dans la rue
des Fourreurs, près Sainte-Opportune, et dans
la rue de la Vieille-Bouclerie. Il y en a, d'ailleurs, quelques autres rue de Gesvre, sur le
Quay-neuf et rue Saint-Antoine [1]. » L'apprentissage durait quatre ans et était suivi de
quatre ans de compagnonnage [2]. Le *Chef-
d'œuvre* consistait à faire « une robbe de ville
ou reytre [3], et habiller un quarteron de peaux
d'aigneaux blancs ou noirs, ensemble six
peaux de lièvre [4]. » Les fils de maître étaient
dispensés de l'apprentissage, du compagnonnage et du Chef-d'œuvre [5].

Des statuts additionnels [6], rédigés en juillet

[1] En 1715, suivant Liger, les pelletiers en gros demeu-
raient rue des Fourreurs, rue Saint-Honoré, rue Saint-
Denis et rue Saint-Martin ; les pelletiers au détail à la Porte
de Paris (*auj. place du Châtelet*), rue du Crucifix Saint-
Jacques (*auj. place Saint-Jacques la Boucherie*) et rue de la
Juiverie (*en la Cité*) ; les fourreurs rue des Fourreurs, rue
de Gèvres et rue Saint-Antoine. *Le voyageur fidèle*, p. 378.

[2] Article 1.

[3] On nommait *reitre* un manteau en forme de cloche, qui
descendait jusqu'aux mollets.

[4] Article 3.

[5] Article 7.

[6] *Ce sont les articles nouveaux qui, soubs le bon plaisir
du Roy, seront adjoustez aux anciennes ordonnances et sta-
tuz des maistres et gardes, corps et communauté de la marchandise de pelleterie et fourrure de la ville, prévosté et
vicomté de Paris, pour estre par eux et leurs successeurs à*

1621 par les 30 maîtres établis à Paris, nous apprennent que chaque maître ne pouvait avoir à la fois deux apprentis. Ils nous four-nissent aussi [1] une liste assez curieuse des pel-leteries le plus employées à cette époque. C'étaient :

La martre zibeline, celle de Prusse et du Ca-nada [2].

L'hermine [3].

Le loup-cervier d'Alle-magne et du Levant.

Le louveteau.

La loutre de Terre-Neuve.

Le castor.

Le vautour [4].

L'aigle.

Le cormoran.

La luberne [5].

La genette [6].

Le tigre [7].

Le léopard.

L'once.

La civette.

L'ours.

Le sagouin.

*l'advenir, qui voudront parvenir franchement en ladite marchandise et métier, tenuz, entretenuz, gardez et ob-servez de poinct en poinct selon leur forme et teneur, par promesse et serment en tel cas requis et accoustumé.*

[1] Article 4.

[2] « Martre subline, de Prusse et Canadas. »

[3] « Armyne. »

[4] « Sa peau, dit Savary (t. II, p. 1845), est garnie d'un duvet extrêmement chaud, qu'on lève de dessus le ventre, et dont les personnes délicates se servent pour se garantir la poitrine du froid. »

[5] Nom que l'on donnait tantôt à la panthère, tantôt à la femelle du léopard.

[6] « Geneste. »

[7] « Tygre. »

Le chat « d'Espagne, de   Le blaireau.
Hollande, de Moscovie.  L'écureuil [1].
  de toutes couleurs;  Le lièvre blanc et rouge.
  chats sauvages et de  Le lapin commun, ceux
  pays, gris d'Allemagne  de Flandre et d'Angle-
  et de Moscovie. »  terre.
Le renard noir, blanc  L'agneau.
  et le renardeau.  Le chevreau.
La fouine.  La bique.
Le putois.  Le cygne.

La peau du cygne passait pour « souveraine contre les rhumatismes [2], » et ce n'était pas la seule fourrure adoptée par la thérapeutique. Depuis que les pelleteries s'étaient vues réduites à n'être plus dans le costume qu'un accessoire, on leur avait découvert une foule d'admirables propriétés, dont les docteurs faisaient grand cas. Écoutez Jérôme de Monteux, qui fut médecin du roi Henri II :

Entre les fourrures des habillemens, les martres subelines [3] sont les plus excellentes et les plus salubres. Elles sont légères, odorantes, et les bonnes estant un peu frottées sont estincelantes et plustost rouges que citrines. Après, s'ensuivent les peaux de taisson et de blaireau [4], et de chats de

---

[1] « Escureau. »

[2] Voy. Savary, t. I, p. 1642.

[3] Zibelines.

[4] Le mot taisson et le mot blaireau désignent auj. un seul et même carnassier.

plusieurs sortes et diverses couleurs qu'on apporté
des Sarmates. Car quant aux chats de ce païs, Aven-
zoar[1] dit que l'odeür en est fort contraire aux
poulmons. Et à ceste cause il les ha en grande
abomination. Il dit, en outre, que la peau d'agneau
conforte les membres des petits enfans, et que
celle du lièvre est convenable aux grandes personnes.

Les fourrures odorantes des bestes sauvages sont
de singulière recommandation, et nommément
celles qui sont moschetées[2], comme sont celles de
léopards, d'onces, de loups cerviers, de genetes, de
marcats et des anabules[3] d'Afrique. Mais les peaux
des tygres et panthères sont beaucoup plus aptes à
faire couvertures de licts que à fourrer vestemens,
pour raison de leur espaïsseur et pesanteur. Toutefois que maintenant les gens de guerre portent vestemens de peaux de loups, d'ours et de veaux
marins toutes entières, et fort ingénieusement
acoustrées : comme aussi font les Lapons qui sont
peuples septentrionaux.

On fait bonnes couvertures à lict de peau de
cerf, laquelle ha vertu de chasser les serpens, ou
de peau de loup, qui déchasse les puces.

Ainsi fait-on des peaux de lions, lesquelles ont
vertu de chasser les artres[4] et toute sorte de ver-
mine rongeant les habillemens. Et outre ce, est
fort propice pour arrester le flux des hémorrhoïdes,

---

[1] Médecin arabe du XII<sup>e</sup> siècle.
[2] Mouchetées.
[3] Albert le Grand nomme la girafe, *anabula*.
[4] Les mites.

comme la peau du loup est aussi souveraine à la colique, et la peau de renard pour les gouttes [1].

On trouve encore quelques renseignements sur ce sujet dans un rare volume qui a pour titre : *Discours traittant de l'antiquité, utilité, excellences et prérogatives de la pelleterie et fourrure. Avec plusieurs remarques curieuses et considérations morales* [2].

Les médecins ont raison de s'en servir, puisqu'elles guérissent les maux de teste, comme les peaux de louveteau ; qu'elles corrigent l'intempérie de l'estomach, comme celles du cigne, de l'aigle et du vautour, en dissipant les humeurs, en ostant l'indigestion, en fortifiant la chaleur qui est foible. Les gouttes, qui triomphent des plus puissans remèdes, sont vaincues avec des peaux de chats, d'agneau [3] et de lièvre. Monsieur Citois, très fameux médecin, est d'advis au livre qu'il a composé *de colico Pictonico* [4], que si les hommes se ser-

---

[1] La goutte. — *Commentaire de la conservation de santé, traduit du latin de Jérôme de Monteux par Cl. Valgelas*, 1559, in-4°, p. 27.

[2] « A Paris, chez Pierre Billaine, rue Sainct-Jacques, à la Bonne-Foy, devant Sainct-Yves. » 1634, in-4°. — Voy. la page 33.

[3] Dans la seizième *Nouvelle* de Bonaventure Desperriers, Beaufort, qui vient de recevoir un seau d'eau sur le corps, crie à dame Pernette : « Mamie, courez vistement me quérir ma robe fourrée d'aigneaulx crespés. » Édit. Janet, t. II, p. 83.

[4] *De novo et populari apud Pictones dolore colico bilioso*

voient d'habits de peaux, ils sentiroient moins souvent les tourmens de la colique, les catarrhes ne se desbonderoient pas si impétueusement dans leurs poitrines comme ils font, ny ne tomberoient avec tant de violence sur les joinctures de leurs pieds et de leurs mains.

Ce « très fameux Citois, » originaire de Poitiers, eut l'honneur de devenir médecin du cardinal de Richelieu. Son plaidoyer en faveur des fourrures n'eut cependant pas assez de succès pour ranimer le commerce de la pelleterie. Au début du règne de Louis XIV, il était tombé si bas que plusieurs maitres, réduits à la misère, demandèrent à travailler comme ouvriers dans les maisons qui parvenaient à se soutenir. Des lettres-patentes du mois de décembre 1648 [1] nous apprennent que « les marchands pelletiers qui ont moyen de subsister et continuer leur trafic, meus de charité envers leurs pauvres confrères, » se réunirent et convinrent « que les riches et accommodez dudit métier seroient tenus d'employer et faire travailler à l'advenir en leur commerce et manufacture lesdits pauvres marchands qui

diatriba. Augustoriti Pictonum (*Poitiers*), 1616, in-18. — Le passage allégué ici se trouve à la page 66.

[1] Bibliothèque nationale, manuscrits Delamarre, Arts et métiers, t. VIII, p. 116.

voudront s'assujettir à travailler pour autruy. »

Quelques années après, une grande dame remit à la mode un vêtement que j'ai déjà signalé au quinzième siècle, et qui prit le nom de *palatine*. La grande dame, épouse du duc d'Orléans, frère de Louis XIV, était Charlotte-Élisabeth de Bavière, désignée à la Cour sous le titre de princesse Palatine. Elle écrivait le 14 décembre 1676 : « Tout ce que je dis et fais, que ce soit bien ou mal, les courtisans l'admirent, au point qu'ayant eu l'idée, par le froid qu'il fait, de mettre ma vieille zibeline pour avoir plus chaud au cou, chacun s'en est fait faire une sur ce patron, et c'est actuellement la très grande mode. Cela me fait bien rire, car ceux-là même qui maintenant admirent cette mode et la portent se sont tellement moqués de moi il y a cinq ans, et ont jeté les hauts cris à cause de ma zibeline que, depuis ce temps, je n'osais plus la mettre [1]. »

La palatine du dix-septième siècle ne ressemblait point du tout au vêtement qui reprit ce nom vers le début du dix-neuvième. C'était une sorte de collier, de tour de cou, dont au

---

[1] *Lettres*, trad. Jaeglé, t. I, p. 7.

commencement la martre ou le petit-gris avaient fait tous les frais ; mais la mode ayant persisté, on eut des palatines en plumes d'autruche, en plumes de coq teintes couleur de feu; en duvet de cygne, etc.[1] Ces dernières reçurent plus tard le nom de *chats*.

Les manchons aussi avaient repris faveur; manchons de martre, de loup cervier, d'ours, de tigre, etc.[2], soutenus par une tresse de soie, dite *passe-caille*, nom emprunté à un air d'opéra très en vogue. Puis les hommes voulurent, eux aussi, protéger durant l'hiver leurs mains et leur poitrine, et on les voit sous Louis XV s'affubler d'énormes manchons[3].

Le nombre des pelletiers-fourreurs était de 47 en 1725[4], de 50 en 1770[5], de 60 environ en 1777. L'*Almanach Dauphin* pour cette année nous fournit le nom des maisons les plus importantes. C'étaient celles d' :

ARSON, rue Saint-Honoré. *Au Manteau royal.*

---

[1] *Mercure de France*, nᵒˢ de février et de mai 1726, p. 407 et 951.

[2] *Mercure de France*, nᵒ de février 1726, p. 405.

[3] Voy. *Les médecins*, p. 147, et le *Mercure de France*, année 1730, p. 2315.

[4] Savary, t. II, p. 420.

[5] Jaubert, t. III, p. 432.

ARSON, rue Saint-Honoré, près l'Opéra. *Au Grand hiver.*

ARNAUD, rue du Petit-Pont. *Au Grand Turc.*

ARTENOFFER, rue de la Verrerie. *Au Bon pasteur.*

AUBINEAU, rue Saint-Honoré. *Au Roy de Danemark.*

BENARD, rue du Four. *Au Tigre.*

BONNECAZE, rue de Bussy. *Au Lion d'or.*

BOUCHON, rue Saint-Honoré. *Au Manchon royal.*

BRIANT, rue Greneta. *Au Grenadier.* Fournit les bonnets des troupes.

BRIGNON, rue Saint-Honoré. *A sainte Geneviève.*

BRIGNON, rue de Grenelle Saint-Honoré. *Au Cordon bleu.*

BRIGNON, rue Saint-Martin. *A l'Ours.*

CAVILLON, rue Saint-Honoré, près les Quinze-Vingts. *Au Juste prix.*

CHALINE, rue du Roule. *A la Duchesse de Chartres.*

CHAMPION, rue de Bussy. *Au Sauvage.*

COURANT, rue Vieille-Bouclerie. *Au Duc de Montmorency.*

DEBIERNE, rue Aubri-le-Boucher. *Au Grand Turc.*

DUCOUDRAY (veuve), rue des Lavandières. *Au Roi de France*. Pelletier du Roi.

GIVELET, rue de la Juiverie. *A la Pomme de pin*.

GIVELET, rue Michel-le-Comte. *A la Panthère*.

GODAN, rue de Grenelle Saint-Honoré. *Au Roi de Prusse*.

GODILLON (veuve), rue des Fourreurs. *A l'Image saint Louis*.

GOUJET, rue des Déchargeurs. *Au Dauphin*.

GUYOT, rue des Fourreurs. *Au Renard*.

HAUTTEMENT, rue des Fourreurs. *Au Lion d'or*.

LECATTE, rue des Fourreurs. *A la Reine de France*.

LEGER, rue Saint-Honoré. *Au Chapelet de l'enfant Jésus*.

LOISEAU, rue des Prouvaires. *Au Duc d'Orléans*.

MAILLARD, cour des Moines, à l'abbaye de Saint-Germain. *A saint Jean*.

MARQUEIX, rue Saint-Honoré. *A saint Louis*.

MICHELLET, rue Michel-le-Comte. *A l'Hermine*.

PARISOT, rue Dauphine. *A la Providence*.

PIVET, rue du Roule. *Au Canadien*.

RAHOUT, rue des Fourreurs. *Au Sauvage d'or.*

REGNIER, rue des Fourreurs. *Au Léopard.*

SCHMITZ père, rue des Fourreurs. *A la Dauphine.*

SCHMITZ fils, rue des Fourreurs. *Au Sauvage.*

VAUDICHON, rue Vieille-Bouclerie. *A la Couronne royale.*

Le bureau de la corporation était situé rue Bertin-Poirée. Les maîtres avaient adopté le patronage du Saint-Sacrement et celui de la Vierge, qu'ils fêtaient le jour de sa Nativité[1]. Dès 1394, les ouvriers possédaient, à l'église Saint-Germain l'Auxerrois, une confrérie en l'honneur de saint Germain et de saint Vincent[2].

Les pelletiers avaient pour armoiries : *D'azur, à un agneau pascal d'argent passant sur une terrasse de sinople, ayant la tête contournée et couronnée d'un cercle de lumière d'or, portant une croix aussi d'or, dont la banderole de gueules est croisée d'argent*[3]. L'écu était soutenu par deux hermines d'argent et surmonté d'une couronne ducale, que les pelletiers disaient

---

[1] Voy. Le Masson, p. 49 et 85 ; l'article 5 des statuts de 1621 ; l'*Almanach Dauphin*, art. pelletiers.

[2] Voy. *Ordonn. royales*, t. VII, p. 686.

[3] *Armorial général*, t. XXIII, p. 426.

« tenir d'un ancien duc de Bourbon, comte
de Clermont, qui avoit été leur protecteur. »
Il avait été plus que leur protecteur, et le don
de cette couronne remontait sans doute au
règne de Charles V, car nous trouvons alors
remplissant les fonctions de grand chambrier
Louis I<sup>er</sup>, duc de Bourbon et comte de Clermont. En 1629, lorsque la municipalité de
Paris accorda aux *Six-Corps* de nouvelles armoiries, les pelletiers refusèrent de les accepter
et tinrent à conserver celles que la tradition
leur avait léguées. La couronne ducale était
peut-être bien pour quelque chose dans cette
détermination ; et puis, les armoiries concé-
dées par la Ville à la corporation portaient
quatre navires d'argent, emblèmes du quatrième rang occupé par elle dans les corps
privilégiés, et contre lequel elle ne cessa jamais
de protester.

# CANNES ET PARAPLUIES

## I

La première canne fut certainement une
simple branche d'arbre. Diogène n'en possédait pas d'autre, et son bâton est resté presque
aussi célèbre que son tonneau.

Dès que la canne fut devenue, moins un
objet d'utilité qu'un accessoire du costume, le
choix du bois cessa d'être indifférent, et l'on
y ajouta des ornements de tout genre. Un des
biographes de Charlemagne nous apprend que

cet auguste souverain portait ordinairement
une canne de bois de pommier, remarquable
par ses nœuds symétriques, droite, terrible,
et surmontée d'une pomme d'or ou d'argent
enrichie de fines ciselures[1].

Ce ne fut pas là un privilège réservé aux
hommes. Dès le onzième siècle, les femmes
sortaient aussi avec une canne à la main.
Un sinistre épisode emprunté à la vie de
Constance d'Arles, femme du roi Robert, nous
en fournit la preuve. En 1022, le concile
d'Orléans condamna au feu onze ecclésiastiques convaincus de manichéisme, et parmi
eux figurait Étienne, confesseur de la souveraine. Le roi et sa femme devaient assister
au supplice. Ils avaient pris place sous le
porche de l'église d'Orléans, où les condamnés
avaient été jugés et d'où ils sortirent pour
aller à la mort. Étienne marchait en tête. Dès
que Constance l'eut reconnu, elle s'élança
vers lui et lui creva un œil avec la canne qu'elle
avait à la main[2].

---

[1] « Tunc baculus de arbore malo, nodis paribus admira-
bilis, rigidus et terribilis, cuspide manuali ex auro vel ar-
gento, cum cælaturis insignibus præfixo, portabatur in dex-
tera. » Monachus Sangallensis, *De gestis Caroli magni*,
dans le *Recueil des historiens*, t. V, p. 121.

[2] « Qui cum ejicerentur, Regina, Stephani sui olim con-

Le parapluie est d'origine beaucoup plus moderne. M. Édelestant Duméril prétend que dans les mystères du moyen âge, au moment où l'on représentait le déluge, Dieu le père se promenait sur le théâtre abrité par un vaste parapluie[1]. L'anachronisme eût été flagrant; mais celui que commet M. Édelestant Duméril n'est guère plus excusable, car le moyen âge ne connut point les parapluies. Il y suppléait par un capuchon adapté à un long et épais vêtement assez semblable à notre caban, et qui se nommait *balandras, balandran* ou *chape à pluie;* en latin *capa pluvialis.* On le trouve souvent cité au douzième siècle. Comme le temps était très menaçant, un des personnages du *Roman du Rou*

Une chape à pluie afeubla[2].

Au quinzième siècle, les dames s'efforçaient d'imiter le costume des hommes. Ainsi que les jouvenceaux du bon ton, elles portaient leurs gants dans la ceinture et, reprenant la mode

fessoris cum baculo quem manu gestabat oculum eruit. *Gesta synodi Aurelianensis,* dans le *Recueil des historiens,* t. X, p. 539.

[1] *Histoire de la comédie primitive,* 1864, in-8°, p. 333.

[2] Voy. Ducange, *Glossaire,* au mot *capa.*

mérovingienne, tenaient une badine[1] à la main[2].

Le seizième siècle mit en faveur la canne à épée. « Le baston de M. le coestre[3] estoit de pommier, et à deux pieds près du bas estoit rapporté; et là dessouz une bonne lame comme d'un fort grand poignard[4]. » En ces temps troublés, ce n'étaient pas seulement les malandrins qui s'armaient ainsi, car Enay dit malicieusement à Fœneste : « Je n'ai ni querelle ni procez, et suis bien aimé de mes voisins et tenanciers; d'ailleurs, j'ai une petite lame dans ce bourdon[5]. » Sur le portrait de Henri IV qui figure dans la collection Gaignières[6], le Béarnais porte à la main une canne très légère.

Le balandras n'avait reçu aucun perfectionnement, et continuait à être très long[7]; mais il pouvait comporter un certain luxe. En 1595,

---

[1] « Un petit baston. »

[2] Martial de Paris, *Arrests d'amour*, édit. de 1731, 43e arrêt, t. II, p. 403.

[3] Chef des gueux, des voleurs.

[4] *La vie généreuse des mercelots, gueuz et boesmiens*, 1596. Dans Éd. Fournier, *Variétés*, t. VIII, p. 160.

[5] D'Aubigné, *Aventures du baron de Fœneste*, chap. I, édit. elzév., p. 10.

[6] Voy. *Les magasins de nouveautés*, t. I, p. 174.

[7] Voy. Math. Régnier, satire XIV.

D'après Mariette.

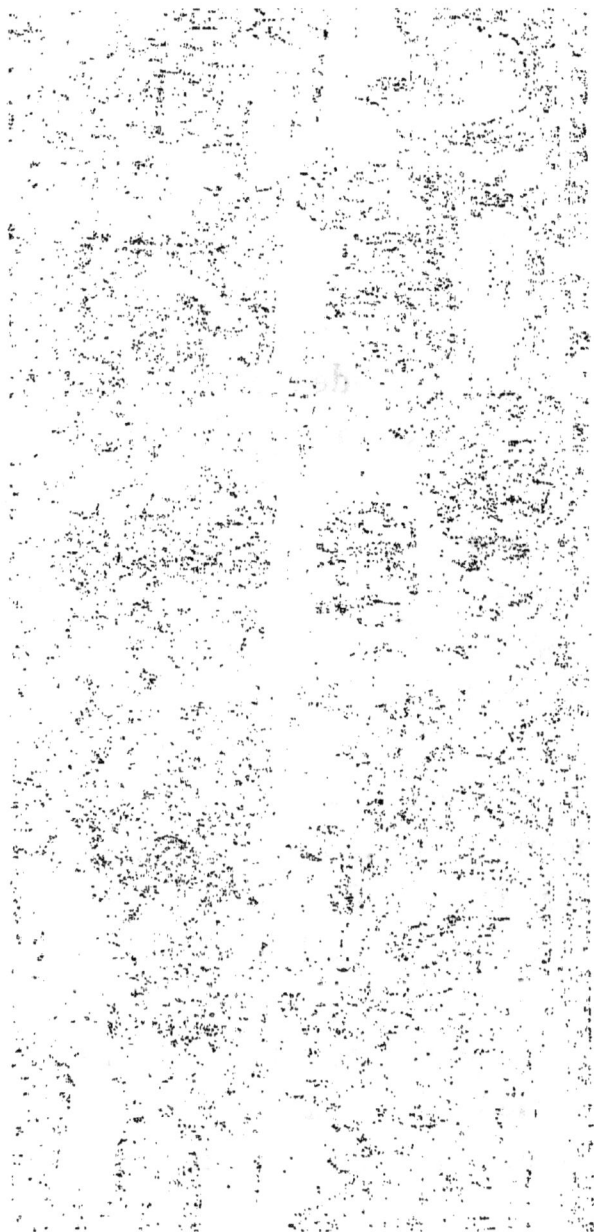

Henri IV se commanda un « chapeau de pluie garny de taffetas[1]. »

Tabarin prétendait, non sans quelque raison, que la vue de son immense chapeau avait fait naître l'idée des parasols et des parapluies[2]. Mais nos pères craignaient, paraît-il, le soleil plus que la pluie, car c'est du parasol que dérive le parapluie. Déjà, au début du dix-septième siècle, on voit les dames suivies de pages qui les abritent sous de vastes parasols. En 1607, le petit Louis XIII possédait un ustensile de ce genre, et son page Bompar s'étant permis d'en protéger la tête du roi, le jeune prince, alors âgé de six ans, s'en montra fort irrité[3]. Dans le *Ballet du naufrage heureux*, dansé au Louvre en 1626, figure « un porteur de parasol » qui y remplit son office[4].

Cet usage était devenu général au milieu du règne de Louis XIV, et c'est vers ce moment qu'un fabricant inventif s'avisa d'établir des

[1] *Compte de P. de Labruyère*, dans V. Gay, *Glossaire*, t. I, p. 327.

[2] *Recueil de questions tabarinesques*, édit. elzév., t. I, p. 214.

[3] Héroard, *Journal de Louis XIII*, 17 juin 1607, t. I, p. 269.

[4] P. Lacroix, *Ballets et mascarades de Cour*, t. III, p. 125.

parasols couverts de toile cirée, afin que l'on
pût les utiliser contre la pluie. Pour en diminuer le poids, on ne tarda pas à remplacer la
toile cirée par du taffetas bien gommé, tendu
sur de légères tiges en jonc où en baleine. Le
parasol avait toujours été fixe, mais le parapluie fut plus ingénieusement construit. Au
moyen d'un anneau glissant le long du manche, la monture s'abaissait, et l'ustensile pouvait ainsi être tenu fermé ; pour l'ouvrir, on
remontait l'anneau et on l'arrêtait au moyen
d'une grosse épingle. Dans l'*Inventaire du mobilier de la couronne* dressé en 1673, on trouve
mentionnés « unze parasols de taffetas de différentes couleurs » et « trois parasols de toille
cirée, garnis par le bas de dentelle d'or et
d'argent [1]. » Trois ans plus tard, l'Angleterre
ignorait encore les bienfaits du parasol, car
Locke le définissait ainsi dans son *Voyage en
France :* « On nomme parasols de petits usten-
siles fort légers, que les femmes emploient ici
pour se garantir du soleil, et dont l'usage me
semble très commode [2]. »

En France, le parapluie ne détrôna défini-

---

[1] Tome II, n°" 12 et 77, p. 103 et 108.
[2] 12 février 1676. Dans la *Revue de Paris,* t. XIV (1830),
p. 12.

tivement le balandras que beaucoup plus tard.
Lafontaine écrivait vers 1666 :

> Le soleil dissipe la nue,
> Récrée et puis pénètre enfin le cavalier,
> Sous son balandras fait qu'il sue [1].

Et sa forme rappelait de plus en plus celle
de nos cabans, comme le prouve la description
qu'en donnait Furétière en 1701 : « Manteau
de campagne, qui est double depuis les épaules
jusque sur le devant; on passe les bras entre
les deux étoffes par une ouverture qu'on y
fait exprès [2]. »

L'usage de la canne était devenu général.
Dans *Le moulin de Javelle* [3], pièce de Dancourt
jouée en 1696, M. Simonneau, sur le point de
sortir avec M. du Rollet, lui dit : « Vous avez
raison. Allons, nos perruques, nos chapeaux,
nos cannes [4]! » Les femmes n'y avaient pas
renoncé; c'est même un des reproches que
l'on adressait aux *précieuses* :

> La pluspart encore d'entre elles,
> Soit des laides ou soit des belles,

---

[1] *Phébus et Borée*, liv. VI, fable 3.
[2] Art. *Balandran*, t. I. Définition reproduite encore en
1771 par le *Dictionnaire de Trévoux*, t. I, p. 717.
[3] Sic.
[4] Scène 17.

> Tenoient avec un air badin
> Chacune une canne à la main,
> La faisant brandiller sans cesse [1].

La canne ordinaire du roi Louis XIII était en bois d'ébène et surmontée d'une pomme d'ivoire. Celle de Louis XIV présentait une grande richesse, disent ses historiens. Parfois aussi, elle était de roseau [2], puisqu'il en cassa une de ce genre sur le dos d'un valet [3]. Dans une autre circonstance, comme Lauzun brisait son épée, en lui déclarant qu'il ne voulait pas servir un roi sans foi, Louis XIV, transporté de colère, ouvrit la fenêtre et jeta sa canne dehors pour éviter de frapper un gentilhomme [4], « faisant peut-être dans ce moment

---

[1] A. de Somaize, *Dictionnaire des précieuses*, édit. Livet; t. II, p. 97.

[2] Voy. ci-dessous, p. 311.

[3] En apprenant la conduite du duc du Maine en Flandre, le roi « si égal à l'extérieur et si maître de ses moindres mouvemens dans les événemens les plus sensibles, succomba sous cette unique occasion. Sortant de table à Marly, avec toutes les dames et en présence de tous les courtisans, il aperçut un valet du serdeau qui, en desservant le fruit, mit un biscuit dans sa poche. Dans l'instant, il oublie toute sa dignité, et sa canne à la main, qu'on venoit de lui rendre avec son chapeau, court sur ce valet, qui ne s'attendoit à rien moins, le frappe, l'injurie et lui cassé sa canne sur le corps : à la vérité, elle étoit de roseau et ne résista guère. » Saint-Simon, *Mémoires*, t. I, p. 264.

[4] Le roi avait promis à Lauzun de le nommer grand

la plus belle action de sa vie, » dit Saint-Simon.

Colbert avait l'habitude de porter une canne, même en présence du roi, et il fut imité par les contrôleurs des finances, ses successeurs. « Antoine de Courtin, écrit encore Saint-Simon, avoit gagné à ses ambassades la liberté de paroître devant le Roi et partout, sans manteau, avec une canne. Pelletier de Sousy avoit obtenu, par son travail avec le Roi sur les fortifications, la même licence : tous deux conseillers d'État, et tous deux les seuls gens de robe à qui cela fut toléré, excepté les ministres, qui paroissoient de même [1]. »

La canne resta pendant longtemps un signe de distinction et de commandement. Quelque-

---

maitre de l'artillerie, mais Louvois parvint à le faire revenir sur cette décision. Lauzun ayant trouvé Louis XIV seul « le somma audacieusement de sa parole. Le Roi lui répondit qu'il n'en étoit plus tenu, puisqu'il ne la lui avoit donnée que sous le secret et qu'il y avoit manqué. Là-dessus, Lauzun s'éloigne de quelques pas, tourne le dos au Roi. tire son épée, en casse la lame avec son pied, et s'écrie en fureur qu'il ne servira de sa vie un prince qui lui manque si vilainement de parole. Le Roi, transporté de colère, fit peut-être dans ce moment la plus belle action de sa vie. Il se tourne à l'instant, ouvre la fenêtre, jette sa canne dehors, dit qu'il seroit fâché d'avoir frappé un homme de qualité, et sort. » Saint-Simon, *Mémoires*, t. XIX, p. 174.

[1] Tome IV, p. 38.

fois, les grands personnages se faisaient accompagner de valets de pied munis de cannes.
Les majors de régiments se servaient de la
canne pour commander à leurs soldats. Les
maîtres d'hôtel, les exempts en portaient toujours une quand ils étaient dans l'exercice de
leurs fonctions.

En 1692, le marchand de cannes à la mode
était un sieur Coquart, qui demeurait rue Si-
mon-le-Franc[1].

II

Au début du dix-huitième siècle, la canne
a pris le nom de rotin, et les ornements que

---

[1] N. de Blegny, *Le livre commode pour* 1692, t. II,
p. 72.

l'on y prodigue varient à l'infini ; l'on cherche
même, par diverses additions, à l'embellir et
à accroitre son utilité. Voici la définition qu'en
donnait Savary vers 1723 : « On nomme rotin une espèce de roseau qu'on apporte des
Indes, qui servent à faire ces sortes de bâtons
qu'on porte à la main, soit pour s'appuyer et
s'aider à marcher, soit par simple contenance.
Il s'en fait un grand commerce à Paris par les
marchands merciers, sur-tout par ceux qui
ont des boutiques au Palais. On les orne par
en haut de poignées d'or, d'argent, d'agathe,
d'yvoire, même quelquefois de pierreries;
mais le plus souvent de simples pommes de diverses sortes de bois. On y fait aussi des poignées, qu'on appelle lorgnettes, qui ayant aux
deux bouts deux verres, l'un oculaire et l'autre
objectif, servent de lunettes d'approche; avec
quoi on voit où, comme on dit, on lorgne
les objets un peu éloignez : d'où elles ont pris
leur nom [1]. Au reste, on savait déjà que la valeur de la
canne n'était pas proportionnée au mérite de
celui qui la portait, témoin celle du vieux ma-

---

[1] *Dictionnaire du commerce*, édit. de 1723, t. I, p. 547.
— Le mot *lorgner*, pris dans ce sens, ne paraît pas anté-
rieur au dix-huitième siècle.

réchal de Saxe, humble bâton valant à peine
trente sous, dit madame Campan. Marie Lec-
zinska l'ayant remarqué fit acheter chez l'or-
fèvre Germain « la plus belle canne à béquille
en or émaillé que l'on put trouver, » et char-
gea M. Campan d'aller l'offrir au maréchal. Celui-ci en reconduisant l'envoyé de la reine lui
dit qu'il n'avait rien à donner à un officier
ayant l'honneur d'appartenir à Sa Majesté,
mais qu'il le priait d'accepter son vieux bâton,
qu'un jour peut-être ses petits-fils seraient
bien aises de posséder la canne avec laquelle
il commandait à Marchiennes et à De-
nain. Cette relique fut conservée religieuse-
ment par M. Campan, mais elle disparut pendant la journée du 10 août [1].

Les cannes de Voltaire et de Tronchin sont
restées célèbres. C'étaient de très longs bâtons
à pomme d'or qu'affectionnaient surtout les
vieillards, les magistrats, les financiers. Toutefois, vers la fin de sa vie, Voltaire y substi-
tua la canne à bec de corbin [2]. Les femmes de
tout âge ne dédaignaient pas les longues
cannes, qu'elles tenaient assez disgracieuse-
ment par le milieu. Le fournisseur en vogue à

---

[1] Mad. Campan, *Mémoires*, t. III, p. 80.
Bachaumont, 28 mars 1778, t. XI, p. 170.

cette époque était le sieur Granchez, un des bijoutiers de la reine et propriétaire du *Petit-Dunkerque*, magasin fameux situé à l'angle de la rue Dauphine et du quai Conti[1]. On y trouvait, dit le *Mercure de France*, de « jolies cannes de femme, en bambou, chiquetées et garnies d'or[2]. » Les jeunes gens, les grands seigneurs courant la ville *en chenille*[3] portaient à la main une canne légère, souple et pliante appelée *badine*. Les femmes l'adoptèrent aussi pour la sortie du matin.

Après la représentation des *Barmecides*, tragédie donnée par Laharpe et qui fut mal accueillie, on vendit dans les rues des cannes *à la Barmecide*. La pomme d'ivoire montée à vis dissimulait un sifflet qui terminait le bâton[4].

Sous la Régence et sous Louis XV, l'épée était le complément indispensable de la toilette. Sauf chez soi et dans l'intimité, il fallait toujours avoir l'épée au côté. Sous Louis XVI, les Parisiens se désarmèrent d'eux-mêmes, et

---

[1] Baronne d'Oberkirch, *Mémoires*, t. I, p. 225. — Sur le *Petit-Dunkerque*, voy. *Les magasins de nouveautés*, t. I, p. 43.

[2] N° d'août 1775, p. 201.

[3] Voy. *Les magasins de nouveautés*, t. I, p. 263.

[4] Baronne d'Oberkirch, t. I, p. 222.

dans le costume civil, la canne commença à
remplacer l'épée. Aussi Sébastien Mercier
écrivait-il vers 1782 : « On court le matin une
badine à la main; la marche en est plus leste,
et l'on ne connoît plus ces disputes et ces querelles si familières il y a soixante ans, et qui
faisoient couler le sang pour de simples inat-
tentions... Les femmes sortent et vont seules
dans les rues et sur les boulevards, la canne à
la main. Ce n'est pas pour elles un vain ornement; elles en ont plus besoin que les hommes,
vu la bizarrerie de leurs hauts talons, qui ne
les exhaussent que pour leur ôter la faculté
de marcher [1]. »

J.-F. Sobry, dans son curieux ouvrage intitulé
*Le mode françois*, constate que « les hommes
d'une condition honneste ne sortent point de
leur maison sans avoir une épée à leur côté
ou quelque bâton précieux à la main [2]. » Mais
la manière de porter l'une et l'autre était
soumise à des règles qu'un manuel de civilité [3]
alors très répandu indiquait en ces termes :

---

[1] *Tableau de Paris*, t. I, p. 293.

[2] Page 417.

[3] *Les règles de la bienséance et de la civilité chrétiennes*,
par J.-B. de Lasalle, édit. de 1782, chap. III, art. v, p. 57
et suiv.

Il est contre l'ordre d'une police bien réglée qu'un bourgeois porte l'épée, à moins qu'il ne soit en voyage ou en campagne. Un enfant néanmoins la peut porter, s'il est gentilhomme.

Il est incivil de tourner le baudrier de son épée devant soi, et encore plus de mettre son épée entre ses jambes.

Il ne faut pas tenir la main sur la garde de son épée lorsqu'on parle à quelqu'un ou qu'on se promène; il suffit de l'y mettre quand on est obligé de la tirer.

Quelque homme de cœur que puisse paroître celui qui est toujours prêt à tirer l'épée lorsqu'on lui dit quelque parole de travers ou qu'on lui veut faire quelque insulte, qu'il s'assure cependant que cela n'est ni honnête, ni chrétien, car ce n'est que la passion et l'amour d'un honneur vain et imaginaire qui le fait agir ainsi. Il est donc contre la bienséance d'être si prompt à se défendre de quelque injure ou de quelque outrage, et les règles de l'Évangile veulent qu'on les souffre patiemment. Jésus-Christ même commanda à saint Pierre de remettre son épée dans le fourreau lorsqu'il voulut s'en servir pour se défendre.

Quand on est assis, il faut placer son épée à son côté, la pointe à terre tournée vers le talon gauche.

Lorsqu'on est obligé de quitter son épée, il ne faut ni la quitter sans ses gants, ni la mettre sur le lit avec les gants : ce serait commettre une grande incivilité. Il faut les placer dans un endroit commode, qui soit hors de la vue des personnes qui peuvent entrer dans la chambre où l'on est.

Là bienséance engage quelquefois de se servir d'une canne, mais ce ne peut être que la nécessité qui permette d'avoir un bâton en main.

Il est messéant de porter une baguette ou une petite canne chez les grands; mais on y peut avoir une grosse canne à la main si on est incommodé ou si on en a besoin pour se soutenir ou pour marcher avec plus de facilité.

Il est aussi très incivil de badiner avec une baguette ou une canne, et de s'en servir pour frapper la terre ou des cailloux ou pour faire sauter des petites pierres. Il est tout à fait indécent de la lever comme si on vouloit frapper quelqu'un, et il n'est jamais permis de s'en servir pour toucher quelqu'un avec, quand ce ne seroit que par récréation.

Quand on est debout, il ne faut pas s'appuyer indécemment sur sa canne ni sur sa baguette, comme font quelquefois les paysans. Il ne faut pas non plus la tenir ferme contre terre, comme on feroit un bâton qui marqueroit quelque dignité ou quelque autorité dans sa personne : mais il est à propos de la tenir à terre sans s'y appuyer.

En marchant, il est contre la bienséance de porter une canne ou une baguette sous le bras; il arrive même par là qu'on s'expose à toucher les passans et à occasionner des querelles. De la traîner négligemment dans la boue, c'est une pratique qui sent l'enfantise; et il est ridicule de s'appuyer dessus d'une manière qui ressente l'orgueil et le faste.

Lorsqu'on est assis, il ne faut pas se servir d'une

baguette ou d'une canne pour écrire sur la terre ou pour faire des figures : cela marque qu'on est ou rêveur ou mal élevé. Il n'est pas bien aussi de mettre sa canne sur des sièges, mais il faut la tenir devant soi d'une manière honnête.

Avant que de se mettre à table, il ne faut jamais mettre sa canne sur le lit : cela est incivil ; mais il la faut placer hors de la vue du monde. Si on porte un bâton, on peut le mettre contre la muraille. On doit toujours quitter la canne lorsqu'on quitte l'épée et les gants.

La Révolution trouva le moyen d'innover même en matière de cannes ; mais il faut reconnaître que sur ce point, comme pour tout ce qui concerne le costume, ses conceptions ne furent pas heureuses. Les élégants de 1790 se faisaient gloire de porter à la main une grosse canne ficelée d'une corde à boyau et recélant une lame d'épée. Plus tard, les Jacobins adoptèrent un bâton noueux, sorte de trique parfois onduleuse.

L'histoire du parapluie durant cette période débute par deux inventions dont les contemporains paraissent avoir apprécié tous les mérites.

Au commencement du règne de Louis XIV, le parapluie constitue un ustensile massif, muni à son extrémité d'un fort anneau qui

permet de le tenir par le manche renversé.
C'est cependant presque toujours sous le bras
qu'il était porté. Son poids en rendait l'usage
très incommode, et l'on s'en servait le moins
possible. En 1710, un sieur Marius, industriel
avisé, entreprit de les simplifier, et il arriva à
fabriquer des parapluies brisés, qui ne pesaient
que cinq à six onces et qu'il vendait renfermés
dans des étuis de sept à huit pouces de long
sur un et demi de large. C'étaient donc de véritables parapluies de poche[1]. Le *Mercure
galant* de janvier 1711[2] nous apprend que ce
Marius demeurait « proche la barrière Saint-
Honoré », et qu'il avait inventé déjà « des
clavessins brisez, qu'on pourroit presque
appeler aussi des clavessins de poche. » En ce
qui concerne les parapluies, Marius obtint du
roi un privilège qui lui garantissait pendant
cinq ans le monopole de son invention, et
cette pièce curieuse a été récemment retrou-
vée aux Archives nationales par M. de Bois-
lisle. Elle est ainsi conçue :

---

[1] Je rencontre la mention suivante dans le catalogue du
musée de Cluny, sous le numéro 7337 : « Parapluie de
poche, se démontant à volonté, avec garniture en baleine
et monture en cuivre à ressorts. Du commencement du
siècle dernier. »

[2] Page 195.

Louis, par la grâce de Dieu roi de France et de
Navarre, à nos amés et féaux les gens tenant nos
cours de Parlement, Grand Conseil, requêtes ordinaires de notre hôtel et de notre palais, prévôt de
Paris ou son lieutenant, baillis, sénéchaux, leurs
lieutenans civils et autres nos officiers et justi-
ciers qu'il appartiendra, salut.

Notre bien amé Jean Marius nous a fait remon-
trer qu'il a inventé une nouvelle espèce de parasol
ou parapluie qui, étant ouvert, se trouve aussi
grand, plus ferme et même plus solide que ceux
qui sont en usage, et s'ouvre et referme avec la
même vitesse, et qui cependant étant replié se peut
mettre dans un étui d'environ un pouce et demi
de diamètre et sept à huit pouces de long, et peut
se rendre si léger par les différentes formes ou
façons qu'il leur donnera et par les différentes matières dont ils seront composés, qu'il y en aura qui
ne pèseront que cinq à six onces, tout compris,
sans rien diminuer de leur étendue : de manière
que ce nouveau parapluie deviendra, par sa lé-
gèreté et la petitesse de son volume, un meuble de
poche que l'on pourra toujours avoir sur soi pour
s'en servir au besoin, ce qui donnera occasion aux
hommes et à la plupart des femmes, qui n'ont pu
s'accoutumer à l'usage des parapluies ordinaires,
tant parce qu'il ne convient pas à tout le monde
de les porter sous le bras, qu'à cause de leur pesanteur et de leur volume embarrassant, de se servir
de ceux de l'exposant, et à tout le public de jouir
d'une invention si utile et si abrégée par son volume et par son poids, qui peut se réduire à un

douzième ou quinzième de ceux qui sont en usage.

Mais craignant qu'après avoir fait beaucoup de dépenses pour faire faire plusieurs parapluies de cette nouvelle espèce, les ouvriers ne tâchent de les imiter, contrefaire et débiter, ce qui lui causeroit un très grand préjudice et l'empêcheroit de profiter du fruit de son travail et de son invention, il nous a très humblement fait supplier de vouloir lui accorder nos lettres de privilège sur ce nécessaires.

A ces causes, désirant favorablement traiter l'exposant et lui faciliter les moyens de profiter de cette invention : après avoir vu les témoignages que notre Académie royale des sciences a rendus de la nouveauté et utilité de cette invention par ses certificats ci-attachés sous le contrescel de notre chancellerie, nous avons audit Marius permis et accordé, permettons et accordons par ces présentes signées de notre main, de faire ou faire faire seul, par tels ouvriers que bon lui semblera, de vendre ou faire vendre ou distribuer par toutes les villes et lieux dans toute l'étendue de notre royaume pendant l'espace de cinq années consécutives, des parasols ou parapluies brisés à porter dans la poche, suivant les descriptions et les modèles qu'il en a laissés en notre dite Académie, d'y faire mettre une marque particulière pour y avoir recours dans les vérifications, au cas qu'on les contrefasse.

Faisant très-expresses inhibitions et défenses à tous ouvriers et à toutes autres personnes, de quelque qualité et condition qu'elles soient, de les imiter ni contrefaire, sous quelque prétexte que ce

soit, ni d'en vendre ni distribuer de semblables
sans son consentement ou de ses ayans cause, à
peine de confiscation desdits parasols ou parapluies
contrefaits, mil livres d'amende applicables un
tiers à nous, un tiers à l'Hôtel-Dieu de Paris et
l'autre tiers à l'exposant, et de tous dépens, dom-
mages et intérêts.

Si vous mandons que ces présentes vous ayez à
faire enregistrer et du contenu en icelles jouir et
user ledit exposant pleinement et paisiblement,
cessant et faisant cesser tous troubles et empesche-
mens. Voulons qu'aux copies des présentes, colla-
tionnées par l'un de nos amés et féaux conseillers
secrétaires, foi soit ajoutée comme à l'original.
Commandons au premier notre huissier ou sergent
sur ce requis de faire pour l'exécution des présentes toutes significations et autres actes nécessaires, sans demander autre permission.

Car tel est nostre plaisir.

Donné à Versailles le 1er janvier, l'an de grâce
1710, et de notre règne le soixante-septième[1].

Quarante ans après, un sieur Navarre pré-
senta à l'Académie des sciences un perfectionnement de l'invention due à Marius[2]. C'était

---

[1] *Bulletin de la Société de l'histoire de Paris,* année
1882, p. 57.

[2] « Parasol ou parapluie qui se renferme dans une
canne, présenté par le sieur Navarre. » Voy. *Histoire de
l'Académie des sciences* pour 1759 (vol. daté de 1765),
p. 243.

le parapluie-canne, que l'abbé Jaubert décrit ainsi : « On a imaginé, pour la plus grande commodité des voyageurs, des parasols et des parapluies qui sont contenus dans une canne, de manière qu'en poussant un ressort qui est adhérent à la canne qui sert d'étui au parasol, on fait rentrer ou sortir celui-ci, suivant qu'on le juge à propos et qu'on en a besoin. Ainsi, l'instrument qui auparavant servoit de point d'appui pour soulager la marche du voyageur est changé tout à coup en un autre pour le mettre à couvert de l'ardeur du soleil ou de l'incommodité de la pluie[1]. »

Il faut croire que le parapluie ainsi modifié finit par se concilier tous les suffrages, car l'oratorien Caraccioli nous dépeint le Parisien de 1768 inséparable de son parapluie, qu'il trimbalait partout avec soi pendant la moitié de l'année : « L'usage, écrit-il, est depuis quelque temps de ne jamais sortir qu'avec son parapluie et de s'incommoder à le porter sous le bras pendant six mois pour s'en servir peut-être six fois. Ceux qui ne veulent pas se confondre avec le vulgaire aiment beaucoup mieux courir les risques de se mouiller que

---

[1] *Dictionnaire des arts et métiers*, édit. de 1773, t. III, p. 355.

d'être regardés dans les promenades comme
gens qui vont à pied; car le parapluie est la
marque sûre qu'on n'a pas d'équipage[1]. »

Comme bien des gens étaient dans ce cas,
on eut bientôt l'idée de créer un service de
parapluies[2] publics, destinés surtout à la tra-
versée des ponts, car l'étroitesse de la plupart
des rues y facilitait la recherche de l'ombre.
Bachaumont raconte qu'en 1769, une compagnie obtint un privilège pour la location de
parasols durant les mois d'été[3]. « Il y aura, dit-

[1] Caraccioli, *Dictionnaire critique, pittoresque, et sen-
tencieux*, t. II, p. 188.

[2] Comme on l'a vu, et comme Caraccioli le confirme, les
mots parapluie et parasol étaient alors presque toujours pris
l'un pour l'autre.

[3] Quelques années auparavant, un sieur Blaisot avait
obtenu un monopole pour l'établissement de balances publiques. J'ai retrouvé le texte de ce privilège, une feuille
simple qui doit être d'une extrême rareté, et qui figure à la
bibliothèque Mazarine dans le recueil coté A 15385,
16e pièce. Je la reproduis en entier :

EXTRAIT DES REGISTRES DU CONSEIL D'ESTAT.

Sur la requeste présentée au Roy en son Conseil par
Hugues Blaisot, sieur Desbordes, tendante à ce qu'il plût à
Sa Majesté lui accorder le privilège exclusif, pour lui, ses
héritiers et ayans cause, d'établir des balances hors les
portes et sur les boulevars de la ville de Paris, ainsi que
dans les villes et foires du royaume, pour y peser seulement
les personnes qui voudroient se faire peser.

A quoi Sa Majesté désirant pourvoir et traiter favorablement le suppliant.

il, des bureaux à chaque extrémité du Pont-Neuf, où les voluptueux petits-maîtres qui ne voudront pas gâter leur teint se pourvoiront de cette utile machine. Ils la rendront au bureau de l'autre côté, ainsi alternativement, moyennant deux liards par personne. Ce projet a commencé à s'exécuter lundi dernier[1]. »

Ouy le rapport du sieur Dodun, conseiller ordinaire au Conseil royal, contrôleur général des finances : Sa Majesté en son Conseil, ayant égard à ladite requeste, a accordé et accorde audit sieur Desbordes et à ses hoirs et ayans cause le droit et privilège exclusif d'établir des balances pour peser les personnes, tant sur les boulevars et hors des portes de la ville de Paris que dans les villes et foires du royaume, pendant le tems de vingt années, avec faculté de recevoir pendant ledit tems un sol de chaque personne qui voudra se faire peser. Sans que, pour raison de ce, le suppliant ou ayant cause soit tenu de payer à Sa Majesté aucun droit ni finance, soit pour confirmation ou autrement, dont elle les a dispensez. A la charge que lesdites balances ne serviront qu'à peser les personnes seulement et non les marchandises ni autres choses que ce puisse être : à peine contre les contrevenans de trois cens livres d'amende applicables aux plus prochains hôpitaux où la contravention aura été commise, de confiscation des balances et de déchéance dudit privilège.

Fait Sa Majesté défenses à tous particuliers et autres, de quelque qualité et condition qu'ils soient, d'établir ou faire établir des balances pour peser les personnes, sans la permission expresse et par écrit du suppliant ou de ceux qui auront droit de lui, sous pareille peine de trois cens livres d'amende et de confiscation des balances.

Fait au Conseil d'Estat du Roy tenu à Versailles le seizième may mil sept cent vingt-quatre.

[1] 6 septembre 1769, t. IV, p. 306.

S'il faut en croire le lieutenant général de police, c'est le 16 septembre que la compagnie privilégiée exhiba ses premiers parasols, et elle avait complété son œuvre en organisant un service de nuit pour la location des parapluies. Le 14 septembre, M. de Sartines faisait afficher dans les rues le règlement suivant :

## De par le Roi

*et Monseigneur le Lieutenant général de police.*

### PARAPLUIES PUBLICS.

L'objet qu'on a, en établissant des parapluies publics, pour la nuit comme pour le jour, est de procurer aux habitans une commodité de plus dans la ville, et aux gagne-deniers une facilité de gagner leur vie.

Mais comme il est important pour la sûreté publique, qu'il n'y ait point de rôdeurs pendant la nuit dans les rues et carrefours, Monseigneur le Lieutenant général de police ordonne :

Iº Que les gagne-deniers qui porteront des parapluies pendant la nuit, les tiendront du bureau de la direction, où ils seront enregistrés par signalement, noms et demeures, ainsi que chez le sieur Heancre, inspecteur de police, et au bureau de la sûreté.

IIº Que ces gagne-deniers porteront une petite lanterne, sur la porte de laquelle sera découpé le même numéro du parapluie, non pour servir de falot, les lanternes à réverbère étant plus que suffisantes, mais pour servir à reconnoitre le porteur du parapluie et recevoir son payement.

Ces parapluies, qu'on nomme communément parasols, sont de taffetas verd, solides, bien conditionnés et numérotés. On commencera à en distribuer aux gagne-deniers, samedi seize septembre 1769, au bureau de la direction, rue Saint-Denys, près celle du Grand-Heurleur, au Magazin d'Italie.

La saison n'exigeant plus qu'il y ait des parasols pour le Pont-Neuf, la direction fera cesser ce service public le 17, pour ne le recommencer qu'à la belle saison, tant pour ce pont que pour celui de la Tournelle, le Pont-Royal, le Carrousel, la place de Louis-Quinze et autres endroits où on croira que cette commodité peut être utile.

Permis d'imprimer et afficher ce 14 septembre 1769.

DESARTINE.

De l'imprimerie de Cl. Herissant, rue Neuve-Notre-Dame [1].

Sous la Révolution, le parapluie joua un bout de rôle dans la politique. Blanc en 1788, il devint vert en 1789, rouge en 1791 et bleu en 1804. L'énorme parapluie de serge rouge fut, vers cette date, adopté par les poissardes et les marchandes de légumes.

La langue populaire a attribué au parapluie un grand nombre de dénominations, et deux

---

[1] *Bulletin de la Société de l'histoire de Paris,* année 1874, p. 79.

d'entre elles ont eu l'honneur d'être recueillies par M. Littré dans son Dictionnaire. L'étymologie du mot *robinson* n'a pas besoin d'être expliquée, mais celle du mot *riflard* est moins connue. « RIFLARD, vieux parapluie, dit M. Littré, expression due à la vogue d'une pièce de Picard (*La petite ville*, jouée en 1801), où l'auteur, chargé du rôle ridicule de Riflard, paraît en scène armé d'un énorme parapluie. » Ce substantif a une origine beaucoup plus ancienne. Au moyen âge, le verbe *rieflare* signifiait *dérober*, et *riflart* désignait un sergent ou un huissier [1]. Dans *Le mystère de la Passion*, qui fut représenté vers 1450, Rifflart est un berger [2]. Accusé de je ne sais quelle mauvaise action, il comparaît devant des sergents. Celui qui l'interroge se nomme Mâchefrain [3] :

— Dont es-tu? dit l'un bien habille [4].
— Je suis, ce dis-je, de no ville [5]
   Tout nourri de pois et de lart.
— Et comment te nomme-on? — Rifflart [6].

[1] Voy. Ducange, au mot *rieflare*.
[2] Un « pastoreau. »
[3] Peut-être synonyme d'*animal*.
[4] Bien habile.
[5] De notre ville.
[6] Arnoul Greban, *Le mystère de la Passion*, édit. G. Paris et G. Raynaud, p. 62.

## III

Les fabricants de parapluies ne formaient pas une corporation particulière. Quelques maîtres boursiers avaient adopté cette spécialité et y gagnaient largement leur vie.

La communauté des boursiers était très ancienne. On possède un témoignage officiel de leur existence dès 1160 [1], et vers 1268 ils soumirent leurs statuts à l'homologation du prévôt de Paris Étienne Boileau [2]. L'on y voit que les principaux cuirs alors employés dans ce métier étaient ceux de cerf, de cheval, de vache, de truie et de mouton [3]. Confectionnant presque exclusivement des bourses et des

[1] Voy. Les chirurgiens, p. 252.
[2] Livre des métiers, titre LXXVII.
[3] Articles 5 et 6.

braies en peau, ils représentent assez bien nos
culottiers actuels. Il y avait à Paris 45 maîtres boursiers en 1292, et 35 seulement
en 1300 [1].

Les attributions de cette communauté
furent fort étendues par la suite. Au dix-septième siècle, je trouve les maîtres qualifiés
ainsi : *Boursiers-gibeciers-colletiers-pochetiers-
caleçonniers-faiseurs de brayers, mascarines et
escarcelles.* On les nommait aussi *tassetiers*,
du bas latin *tassa*, qui signifiait bourse [2]. On
appelait alors *colletin* un justaucorps sans
manches, presque toujours fait en peau de
buffle. J'ai résumé l'histoire des poches dans
un autre volume [3]. Au dix-septième siècle, les
braies étaient depuis longtemps réduites au
rôle de caleçon [4], et le mot *brayer* désignait
les bandages herniaires, dont l'armature se
recouvrait presque toujours de peau de chamois [5]. Je ne rencontre le mot *mascarine* dans
aucun dictionnaire, ancien ou moderne; peut-
être était-ce le *loup*, sorte de masque fait de

---

[1] Voy. les *Tailles* de ces deux années.
[2] Voy. Ducange, aux mots tasca et taschia.
[3] Voy. *Les magasins de nouveautés*, t. I, p. 139 et suiv.
[4] Voy. *Les magasins de nouveautés*, t. I, p. 62.
[5] Voy. les *Variétés chirurgicales*, p. 194.

velours noir, mais ordinairement doublé de peau de chien[1].

On sait avec quel soin minutieux les statuts de chaque communauté spécifiaient la nature des objets dont le privilège lui était garanti, et combien de procès engendrait cette réglementation excessive[2]. L'histoire du parapluie nous en offre deux exemples assez curieux.

Les manches étaient l'œuvre des tourneurs, qui les fournissaient aux boursiers, autorisés seulement à monter et à vendre ces utiles objets. Mais les tabletiers ayant, en vertu de leurs statuts, la faculté de travailler la baleine, se crurent en droit de fabriquer des parapluies. L'un d'eux, le sieur Talon, osa même se qualifier de *tabletier de manches, carcasses, garnitures de taffetas de parasols à soleil et de parasols-parapluyes*. Les tourneurs virent là un empiétement sur leur monopole et firent opérer une saisie chez Talon. De là un procès, qui fut perdu par les tourneurs. Une sentence de police, confirmée par le Parlement le 31 janvier 1759, les condamna à cent livres

---

[1] Voy. Ducange, au mot *masca*; Savary, *Dictionnaire du commerce*, t. II, p. 590; Littré, *Dictionnaire*, t. III, p. 465.

[2] Voy. *Comment on devenait patron*, p. 106 et suiv.

de dommages-intérêts envers la communauté des tabletiers et à 200 livres envers le sieur Talon [1].

Ainsi encouragés, les tabletiers se mirent à confectionner et à vendre des parapluies. Un procès leur fut intenté trois mois après par les boursiers, et ils eurent encore gain de cause. Ces derniers voulaient faire interdire aux tabletiers d' « employer aucune étoffe de soie, or et argent ou autre ouvrage de bourserie, et de confectionner, vendre et débiter les parasols et parapluyes. » Les tabletiers soutinrent alors : 1° Qu'il « est défendu aux boursiers par leurs statuts d'employer les étoffes de soie dans leurs ouvrages, autrement qu'en les doublant entre-deux d'une peau autrement dite cuir de mégie... » 2° Que les tabletiers « ont de tout tems employé les étoffes de soie à leurs ouvrages; d'abord, dès 1644, aux parasols et depuis aux éventails, aux boëtes connues sous le nom de caves, etc., de même que les grandes et petites boëtes à quadrilles, et aussi aux jeux de cavagnol, dont le corps est fait de taffetas... » 3° Qu' « il n'y a pas un seul ouvrage des boursiers qui se

---

[1] *Statuts, arrêts, sentences et règlemens pour la communauté des maîtres peigniers-tabletiers*, p. 196.

fasse avec des étoffes auxquelles il soit nécessaire de se servir de la forge, des étaux et de
la pince; mais seulement ceux qui se font en
peau et en cuir. » 4° Qu' « il n'y a pas plus
de dix ans que les boursiers se sont mis à
vendre des parasols. » Les boursiers répon-
daient que les tabletiers avaient bien inventé
les parasols, mais qu'on s'en servit très peu
jusqu'au jour où un boursier, le sieur Marius,
créa les « parasols et parapluyes brisés tels
qu'ils se font aujourd'hui. » Le Parlement,
par arrêt du 16 juillet 1759, mit les deux
communautés d'accord en leur permettant
« de vendre et débiter par concurrence les
parasols et parapluyes[1]. »

· En 1777, les principaux boursiers ayant la
spécialité des parasols et des parapluies étaient
les sieurs :

BARRE, rue Saint-Denis. *Au bonnet royal.*

BLONDEAU, rue de la Monnoie.

HURÉ, sur le pont Notre-Dame. *Aux trois
parasols.*

LEGRAND, rue des Poulies. *Au parasol royal.*

MATON, sur le Pont au Change. *Au croissant*[2].

·[1] *Statuts, arréts*, etc., p. 248.

[2] *Almanach Dauphin* pour 1777, art. boursiers

A la fin du dix-huitième siècle, le nombre des maîtres boursiers était de quatre-vingt-dix environ. Ils avaient pour patron saint Brieuc [1], dont ils célébraient la fête le 13 novembre à l'église Saint-Barthélemy.

[1] *Ordonnances royales*, t. VIII, p. 316.

# ÉCLAIRCISSEMENTS

I. Contrat d'apprentissage d'un cordonnier en 1675. — II. Statuts de la Société de secours mutuels fondée par les fourreurs en 1318.

## I

### CONTRAT D'APPRENTISSAGE D'UN CORDONNIER EN 1675 [1]

Pardevant les conseillers du Roy, notaires gardenottes de Sa Majesté en son Chastelet de Paris, soubzignez, fut présent Thomas Lubert, gaigne-deniers, demeurant aux Porcherons, parroisse Sainct-Eustache : Lequel, pour faire le proffit de Geoffroy Lubert, son fils, qu'il certiffie de fidélité, a reconnu l'avoir baillé et mis en apprentissage de cejourd'huy jusques et pour cinq ans finis et accomplis, avec Estienne Le Heutre, maistre cordonnier, demeurant au fauxbourg et proche la porte Sainct-Martin, parroisse Sainct-Laurens, à ce présent, qui l'a pris et retenu avec luy en ladicte

---

[1] Original sur parchemin appartenant à l'auteur. — Voy. ci-dessus, p. 228.

qualité d'apprenti. Auquel, pendant ledict temps,
il promet monstrer et enseigner, à son pouvoir,
sondict mestier de cordonnier et tout ce qui en
dépend, le nourir, loger, et entretenir d'habits,
chaussures, linges et autres choses ses nécessitez,
selon sa condition.

A ce faire estoit présent ledict apprenti, qui a
eu ce que dessus pour agréable, promet apprendre
ledict mestier au mieux qu'il luy sera possible, et
fidellement servir sondict maistre et en toutes
choses licittes et honnestes, sans pendant ledict
temps s'absenter ny aller ailleurs servir, auquel
cas d'absence, ledict Thomas Lubert promet et
s'oblige de le chercher et faire chercher par la ville
et banlieue de Paris pour, sy trouver le peut, le
ramener à sondict maistre parachever le temps qui
restera lors à expirer des présentes ; qui ont esté
faites sans aucun denier payer ny débourser de
part ny d'autre. Car ainsy...

. Fait et passé es estudes, l'an mil six cens soixante
quinze, le dixiesme jour d'aoust après midy.

. Lesdicts Lubert père et fils ont déclaré ne
sçavoir escrire ny signer, et ledict Le Heutre a
signé la minutte des présentes demeurée vers
Bouret, notaire.

                                    BOURET.

[Ici, signature illisible.]

## II

### STATUTS DE LA SOCIÉTÉ DE SECOURS MUTUELS FONDÉE PAR LES FOURREURS EN 1318 [1]

A tous ceux qui ces lettres verront, Henri de Taperel, garde de la prevosté de Paris, salut.

Nous fasons assavoir que comme les ouvriers conreurs de robe [vaire deme]urenz à Paris nous aient supplié humblement que, comme pour le grant travail de leur mestier il enchient [2] souvent en grieives [3] et longes maladies, si qu'il ne puent ovrer [4]..., il leur convient querir leur pain et mourir de mesaise, et la plus grant part[i]e de eus ait grand volenté et bonne devocion de pourveeir sus les... de leur dit mestier à leur cous, se il nous plaist, en ceste maniere, c'est assavoir que chescun qui sera malade, tant comme il sera malade ou impotens,..... [aye] chescune semaine trois souls parisis pour soy vivre, et quant il relevera de celle maladie ou impotence, il aura troys soulz pour la semaine qu'il relevera et autres trois soulz une foiz pour soy efforcer, et est leur entencion que ce soit de maladie ou impotence d'aventure, et non pas de bleceures qui leur fussent faites par

---

[1] Voy. ci-dessus, p. 270.
[2] Tombent.
[3] Le texte porte *grieites*.
[4] Peuvent travailler.

leur diversité [1], quar en ce il ne prandroient riens.
Et les ouvriers conreeurs qui voudront estre
accuilliz et partir [2] à ceste aumosne bailleront
chaiscun dix soulz d'entrée et six deniers au clerc [3]
et paieront chaiscun de eus chaiscune sepmaine un
denier parisis ou la quinzaine deus deniers et les
seront tenu d'aporter la ou ladite aumosne sera
receue. Et qui y devra plus de sis deniers d'are-
raigez [4], il sera debouté dou bienfait d'icel aumosne,
juques à tant qu'il ait paié. Se il y avoit conreeurs
qui ne vousist paier ce que dit est dessus, il ne
seroit point acuilli à l'aumosne et n'i auroit nul
profit à son besoing. Et que ces deniers soient
receuz par sis persoines dudit mestier, et ne pourront ces deniers convertir en autres usaiges, sus
paine de corps et de bien, et en rendront une foiz
chescun an compte au commun dudit mestier, et
du deffaut seront puniz par nous prevost de Paris
et par noz successeurs, et changera le dit commun
au compte les dites sis persoines et le clerc, se il
lour plaist, et se il leur plaist que il demurent, il
demourront.

Nous qui le commun profit et l'onour de Dieu
et de la benoite Vierge Marie et de nostre sire le
roy voulons et desirrons faire, si comme à nous
appartient, le profit dou commun poiple, voulons
et ottroions aus diz ouvriers conreeurs de robe

[1] Méchanceté, malice.
[2] Participer.
[3] Voy. ci-dessus, p. 52.
[4] D'arrérages.

vaire que il puissent faire et ordenner, facent et ordennent les choses dessus dites de nostre auctorité, licence et commandement, sauf en toutes choses le droit et l'onor de nostre sire le roy et de son peuple, et que par ce, taquehan [1], assemblée ou conspiracion populaire ne soit faite au prejudice ou doumaige de nostre sire le roy et de son dit peuple.

En tesmoing des choses dessus dictes, nous avons signées ces lettres de nostre propre signet et les avons fait seeller du seel de la prevosté de Paris.

Ce fut fait en l'an de grace mil CCC diz et huit, le samedi diz jour de fevrier.

[1] Conspiration, association illicite.

www.ingramcontent.com/pod-product-compliance
Lightning Source LLC
Chambersburg PA
CBHW071634270326
41928CB00010B/1918